UNTERWEGS IN DEINER

Lieblingsstadt

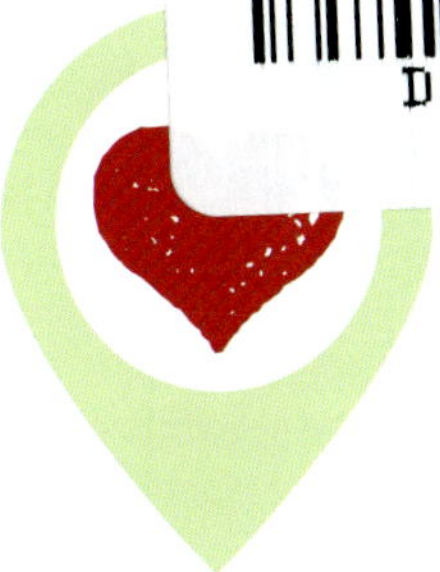

WIEN

ASTRID KUFFNER & NINI TSCHAVOLL

emons:

Bibliografische Information der Deutschen Nationalbibliothek
Die Deutsche Nationalbibliothek verzeichnet diese Publikation in der Deutschen Nationalbibliografie; detaillierte bibliografische Daten sind im Internet über http://dnb.d-nb.de abrufbar.

MIX
Papier aus verantwortungsvollen Quellen
FSC® C043106

Gestaltungskonzept und Satz: Heike Kluge, Herdecke
Illustration: Heike Kluge, Herdecke
Umschlaggestaltung: Heike Kluge, Herdecke
Druck und Bindung: Grafisches Centrum Cuno, Calbe
Printed in Germany 2022
ISBN 978-3-7408-1434-2

VORWORT

Willkommen in einer Stadt voller Gegensätze: Wien liegt ganz vorne im Ranking der Lebensqualität – und belegt zugleich einen Spitzenplatz bei Umfragen zu den unfreundlichsten Städten. Die Stadt ist auf dem Weg zur Zwei-Millionen-Metropole, wahrt aber ihre kleinteilige Struktur. Sie ist einerseits voll mit k.u.k.-Requisiten, Weltkulturerbe, Musik und Geschichte, andererseits bietet sie viel Grünraum, soziale Infrastruktur, Lebendigkeit und internationales Flair. Wien ist eine Melange, genau wie das Autorinnen-Duo: Astrid Kuffner ist gebürtige Wienerin, Nini Tschavoll kam aus Vorarlberg zum Studium in die Stadt … und blieb. Gemeinsam haben wir die Heimat noch einmal kennengelernt – geblieben ist die #Wienliebe.

Von Karl Farkas stammt das Bonmot: »Der Österreicher unterscheidet sich vom Deutschen durch die gemeinsame Sprache!« Damit ihr alle Feinheiten genießen könnt, haben wir ein kleines Glossar verfasst.

Astrid widmet das Buch ihren Eltern Gerti und Claus, die sich diese Stadt beide erarbeiten mussten. Dank an Bernhard, Sophia und Elsa für ihre Geduld mit mir in der Entstehungszeit, an Gudrun, beste Erstleserin, Nini, fellow Madame Wien, sowie alle Freunde und Hinweisgeberinnen, die mir zur Seite standen.

Nini widmet das Buch ihren Töchtern Hanna und Clara, die nirgendwo anders als in Wien zu Hause sein möchten und die Stadt für ihre Multikulturalität lieben. Dank an Christoph, der mit mir viele Orte aufgesucht und mit dem Blick des Einheimischen meine Wahrnehmung geschärft hat, und Dank an Co-Autorin Astrid, die auch in der (bald) Zwei-Millionen-Stadt den Überblick bewahrt.

Wir wünschen euch viel Freude beim Erkunden von Wien!

ICH HAB LIEBE FÜR MEIN WIEN UND

BIN HIER LAUT IN FRIEDEN.

WENN JEMAND SCHIMPFT? NAJO, G'HÖRT HALT DAZU!

SAG ZURÜCK: »HEAST OIDA! GIB A RUH!«

DES NÄCHTENS SINGEN WIR WIENER LIEDER

ODER HALT WIENER BLUT.

ALLE, DIE DA SIND, G'HÖRN HIERHER.

WIR HABEN PLATZ FÜR NOCH VIEL MEHR!

YASMIN HAFEDH AKA YASMO (RAPPERIN UND AUTORIN)
AUS DEM SONG »WIEN« VON TOMBADOUR FEATURING YASMO

EINLADUNG ZUM AUSFÜLLEN, ABFOTOGRAFIEREN UND TEILEN

Hallo Lieblingsmensch,

ich blättere gerade durch das Buch »Wien. Unterwegs

in deiner Lieblingsstadt« und möchte total gern

Seite ______ mit dir teilen.

Es geht um ______________________________________.

Hast du Lust?

Dann lass uns am ______________________ dort treffen.

Voller Vorfreude

____

INHALTSVERZEICHNIS
WIEN

GEMEINSAM AKTIV SEIN

ARM IN ARM DIE STADT ERKUNDEN

MITEINANDER ENTSPANNEN

ZUSAMMEN KREATIV WERDEN

KÖSTLICHKEITEN TEILEN

SEITE AN SEITE KULTUR ERLEBEN

MIT DEM LIEBLINGSMENSCHEN

Gemeinsam aktiv sein

AM POOL POSEN UND POMMES ESSEN

ABKÜHLEN IM KONGRESSBAD

Julius-Meinl-Gasse 7a, 16. Bezirk
www.wien.gv.at/freizeit/baeder
ÖPNV: Station Hernals

Wien verfügt über viele großzügig gestaltetete Frei- und Hallenbäder. Mögen manche eine schönere Aussicht haben (wie Hohe Warte, Krapfenwaldl), kommt dafür im Kongressbad ganz Wien zusammen. Nur wenige Schritte von Schnellbahn und Straßenbahn entfernt leuchtet euch der denkmalgeschützte Holzbau in Rot und Weiß entgegen. Das »Kongerl« öffnete seine Pforten 1928 als modernstes und größtes künstliches Freibad Wiens. Das Sonnen-, Luft- und Schwimmbad wurde im Rahmen eines außerordentlichen Arbeitsprogramms zur Linderung der Arbeitslosigkeit auf einer ehemaligen Müll- und Schlackendeponie errichtet. Benannt ist es nach dem Wiener Kongress, zu dem Außenminister Fürst Metternich lud, um die politische Landkarte des Kontinents neu zu zeichnen.

Heute ist hier einfach das große Platsch zu Hause. Das Kongressbad hat alles, was ein Freibad braucht: eine bunte Besetzung, Kästchen, Brausen, Kreischen, pubertäre Posen, Sonnencreme- und Chloraroma, eine Rutsche, Pommes, einwandfreie Hygiene, ein Sportbecken, ein Spaßbecken, einen großzügigen Kinderbereich im hinteren Teil und eine Ordnungsmacht in weißer Badehose, die Baywatch von Ottakring. Das Buffet ist unübersehbar auf die sanft ansteigende Liegewiese gebaut. Einfach eine kostenlose Liege in den Baumschatten ziehen. Wer den Gästen mit Dauerkarten beim Rommémspielen zuhört, kann gut eine Runde dösen.

Den Tag zu zweit ausklingen lassen könnt ihr im Park hinter dem Bad. Dazu setzt ihr euch mit eurem Wunschgetränk in die letzte originalgetreue Milchtrinkhalle Wiens, wo im 19. Jahrhundert lokale Molkereien (»Milchmeier«) ihre Produkte ausschenkten.

NERVENKITZEL UND SCHMETTERLINGE HUTSCHEN

DER WIENER WURSTELPRATER

Riesenradplatz 2, 2. Bezirk
www.praterwien.com
ÖPNV: Station Praterstern

Menschen, die wir in einer aufregenden und adrenalingeladenen Situation kennenlernen, finden wir attraktiver, so eine Erkenntnis der Paarforschung. Für den nötigen Nervenkitzel und das Bauchflattern sorgt der Wurstelprater seit 1766 von März bis Oktober. Am Eingang steht das Riesenrad (65 Meter) von 1897, ein Wahrzeichen der Stadt. Ab hier könnt ihr euch trefflich verirren, aber irgendwann kommt ihr beim richtigen Fahrgeschäft wieder heraus.

Drei Klassiker hier: eine Fahrt im Doppelsitz des Wiener Praterturms, der sich als höchstes Kettenkarussell der Welt (117 Meter) anpreist. Den Rucksack müsst ihr an der Basis ablegen, aber der bärtige Betreiber versichert gern, das Regal dort sei der sicherste Platz von Wien. Zwei Gurte und die Hand vom Lieblingsmenschen geben Sicherheit auf dem Weg nach oben. Die Aussicht ist überwältigend, und von oben könnt ihr schon den »Toboggan« ausmachen, die traditionelle hölzerne Turmrutsche, auf der die Leute seit mehr als hundert Jahren auf einem Sack 100 Meter hinuntersausen. Und zu guter Letzt noch das »Tagada«: Neben dem Kreisen, Rütteln und Schütteln sind jugendlichen Mutproben wichtiger Teil der Show.

Traditionelle Praterspeisen sind Zuckerwatte und Lángos. Für den großen Hunger und große Biere geht ihr ins »Schweizerhaus«. Köstliche vegetarische Gerichte könnt ihr mit dem besten Blick auf das Gewimmel, das Lichtermeer und das Geschrei von der Terrasse des »Neni« (neni.at) im Dachgeschoß der »Superbude« genießen.

EISLAUFEN IN SCHNEEKUGELKULISSE

WINTERSPORT IM RATHAUSPARK

Rathausplatz, 1. Bezirk
www.wienereistraum.com
ÖPNV: Station Rathaus

Wer den Zweck des Gebäudes im Stil der Neogotik nicht kennt, würde wohl eher eine Prinzessin als die Wiener Regierung und Stadtverwaltung darin erwarten. Der großzügige Platz und Park vor dem Wiener Rathaus verwandelt sich im Jänner und Februar in den »Wiener Eistraum«: Vier große Flächen bieten Platz für Pirouetten und Paarfiguren, begleitet von Hits und Oldies. Mit Einbruch der Dunkelheit kommen auf dem Sky Rink im Obergeschoss neben den Lichteffekten auch die benachbarten Ringstraßenbauten gut zur Geltung.

Mehr als den Menschen an eurer Seite braucht ihr nicht, denn der Eistraum ist gut organisiert: Für Ticket, Schuhverleih und Schließfach reichen auch bei großem Andrang 20 Minuten. Die Hände wärmt ihr euch gegenseitig oder an einem Becher Glühwein und genießt das Eislaufen vor der Schneekugel-Kulisse. Eine Jause könnt ihr vorher in der bodenständigen Feinkost beim Rathaus besorgen, damit Schwips oder Schwindel euch nicht gleich überfallen. Wobei: Wenn einen jemand auffängt, den man mag?

Weniger Trubel erwartet euch auf den Traumpfaden, die zwischen Laternen und Bäumen durch den Park führen.

Wo danach aufwärmen oder ein köstliches Maroniherz teilen? In der »Conditorei Sluka« sind schon Kaiserin Sisi und Oskar Kokoschka eingekehrt, dennoch kennt nicht jeder den k.u.k.-Hoflieferanten seit dem Jahr 1900. Im selben Jahr hat übrigens Erwin Perzy in Wien die Schneekugel erfunden. Bis heute wird sie im Familienbetrieb im 17. Bezirk hergestellt und von dort in die ganze Welt exportiert (schneekugel.at). Ein eigenes Museum darüber und ein »Rathaus im Schnee« findet ihr dort.

BIS ZUM MOND GEHEN

ERKUNDUNGSTOUR AM WESTLICHEN STADTRAND

Wittgensteinstraße 138, 23. Bezirk
ÖPNV: Station Nästlbergergasse

Ein charmanter Spaziergang führt euch in den Maurer Wald. Mauer nennen die Wienerinnen und Wiener den Teil der Stadt, der direkt an die Mauern des Lainzer Tiergarten angrenzt, die Kaiser Franz Josef II. rund um seine Jagdgründe errichten ließ. Eine kleine Anekdote besagt, dass der Baumeister mit Namen Philipp Schlucker den Bau dieser Mauer so billig angeboten habe, dass die Wiener befürchteten, er würde in Armut verfallen. Das blieb ihm erspart, aber die Redewendung »armer Schlucker« für jemanden, der kein Geld hat, ist bis heute erhalten.

Gleich nach dem Parkplatz führt uns der Weg schnurstracks außen an der Mauer entlang. Hier wird das Planetensystem auf großen Tafeln im Maßstab 1:1.000.000.000 dargestellt. Mit etwas Glück könnt ihr es auf der anderen Seite grunzen und scharren hören, denn im Tiergarten sind Hunderte Wildschweine angesiedelt, die in den Eichen- und Buchenwäldern paradiesische Bedingungen vorfinden. Bei der ersten Wegkreuzung biegt nach links ab und überquert bald eine kleine Fahrstraße. Der Weg führt immer geradeaus, bis er in eine Wiese mündet. Wenn ihr euch nun nach links wendet, steht ihr bald vor einem seltsamen Bauwerk: Der Sterngarten ist ein Freiluftplanetarium (www1.astroverein.at/freiluftplanetarium). Wer mehr über die Himmelskörper wissen möchte, macht am besten bei einer nächtlichen Führung mit, Infos dazu finden sich auf der Tafel vor Ort.

Gleich hinter der himmlischen Anlage blitzt noch etwas viel Monumentaleres durch die Bäume: die Wotrubakirche, ein aus 152 Betonblöcken zusammengesetztes Kunstwerk. Obwohl stilistisch

HENTPRESSE
ANNO 1800
EWIDMET VON
. FRITZ LAINER
WEINBAUVEREIN
MAUER
EDLMOSER
STEINKLAMMER
WEINDORFER
Lange Gasse 57

dem Brutalismus zugeordnet, fügt sich der Betonriese harmonisch in die grüne Umgebung. Macht auch einen Abstecher nach drinnen, im lichtdurchfluteten Kircheninnenraum herrscht eine angenehme und wohltemperierte Atmosphäre. Architekturstudierende kommen in Exkursionen auf den Georgsberg, um diesen aufregenden und zugleich seelenruhigen Ort zu erforschen.

Das Bauwerk entstand 1976 in Zusammenarbeit des Bildhauers Fritz Wotruba und des Architekten Fritz G. Mayr. Zurück Richtung Sternwarte biegt ihr bald links ab, den Hügel hinunter. Hier lädt ein weitläufiger Hundespielplatz die Vierbeiner zum Herumtollen ein. Am Pappelteich, eines der beliebtesten Wiener Biotope, ist vor allem im Frühling einiges los, da gibt es immer wieder Neues und Spannendes zu entdecken. Wenn ihr genug Freiluft-Terrarium geschaut habt und euch nach Kaffee und Kuchen oder Deftigerem ist, geht den Schildern Richtung »Waldgasthaus Schießstätte« (schiessstaette.net) nach. Nach einer guten Jause im idyllischen Gastgarten (probiert den Apfel- oder Millirahmstrudel) geht es über einen schmalen Pfad Richtung Planetenweg zum Ausgangspunkt zurück.

Bekannt ist Wien Mauer nicht nur für besagte steinerne Demarkationslinie und die Nähe zum Wienerwald, auch die Heurigen spielen hier eine große Rolle. Am Hauptplatz findet sich eine große Tagfel, auf de verlautbart wird, welcher Betrieb gerade »ausgesteckt«, also offen, hat. Hierher verirren sich weniger Touristen als Einheimische, das macht das Heurigen Flair einzigartig, von urig bis edel. Nach eurer Wanderung könnt ihr an der Wittgensteinstraße143 beim »Wiltschko« einkehren, er hat zweifellos die schönste Aussicht über den Süden von Wien. Bei Spritzwein und Heurigenschmankerln lasst den Tag im Weingarten ausklingen.

AUF WIEN EINSTIMMEN

Mit dem Musikvideo zu ihrer Komposition »Les Pauli« haben Cellist Matthias Bartolomey und Geiger Klemens Bittmann eine Liebeserklärung an die Stadt geschaffen. Das Duo BartolomeyBittmann spielt wie im Rausch vier Minuten vor 281 Wiener Schauplätzen von imperial bis räudig und von klassisch bis modern. Zu finden auf YouTube. Folgt auf Twitter @WienFakt, recherchiert von Thomas Harbich, und auf Instagram @WienerAlltagspoeten, aufgezeichnet von Andreas Rainer – lustig und informativ. Hört euch Episoden des Podcasts »Erzähl mir von Wien« von Edith Michaeler und Fritzi Kraus an. Oder die Klassiker: »Ein Morgen, ein Mittag und ein Abend in Wien« von Franz von Suppè, »Vienna calling« von Falco, »Vienna waits for you« von Billy Joel, »An der schönen blauen Donau« von Johann Strauss, »Take this Waltz« von Leonard Cohen, »Wean, du bist a Taschenfeitl« von Qualtinger & Heller und natürlich das Album »Songs of Vienna« des international als »Cid Rim« bekannten Wiener Jazz-Musikers Clemens Bacher.

AM WIENFLUSS ABKÜHLEN

SPORTLICHES, KULTUR UND KULINARIK VERBINDEN

14. Bezirk
ÖPNV: Station Hietzing

Wenn ihr Lust auf eine urbane Radtour habt, empfehlen wir den Wiental-Radweg. Er führt vom Naschmarkt stadtauswärts durch das Wiental, vorbei am imposanten Entrée von Schloss Schönbrunn. Kurz nach der Kennedybrücke führt eine Rampe hinunter zum Fluss. Meist ist der Wienfluss ein plätscherndes Rinnsal, bei Regenfällen außerhalb Wiens und zur Schneeschmelze kann sich das Becken jedoch rasch mit Wasser füllen. Beachtet also die Hochwassermarker und Anzeigetafeln an den Abgängen und im Flussbett. Im Kanaltal sind Radfahrerinnen, Inline-Skater, Läufer, Spaziergängerinnen und Hundebesitzer unterwegs. Nicht nur Vierbeiner, auch Menschen finden hier an warmen Tagen Abkühlung. Ihr könnt gemütlich bis zum Rückhaltebecken Auhof radeln, euch dort die Mauerbachschleuse ansehen und die Füße im Wasser kühlen. Auf dem Rückweg biegt ihr beim Ferdinand-Wolf-Park links vom Radweg ab und fahrt ein Stück die Hüttelbergstraße (14. Bezirk) hinauf. Auf Nummer 26 steht eine imposante Villa von Architekt Otto Wagner mit dem Ernst-Fuchs-Museum (www.ernstfuchsmuseum.at) darin und der üppigen Esther-Statue davor. Diese Frau hat definitiv den selbstbewusstesten Popo der Stadt. Fuchs, ein Vertreter des Phantastischen Realismus, wohnte hier zeitweise und hat den Jugendstil-Bau saniert und weiter gestaltet. Zu den Öffnungszeiten des Museums könnt ihr auch den Garten der »Fuchs-Villa« besuchen. Von dort führt die Bujattigasse hinunter zum traditionsreichen »Gasthaus Prilisauer« (www.prilisauer.at). Hier ist alles authentisch und gut: die Küche, das Ambiente und der geschäftige Wiener Charme. So gestärkt geht es über den Radweg am Fluss zurück in die Stadt.

WELLENREITEN AN DER NEUEN DONAU

KICKSTART AM WAKEBOARD LIFT

Schleusenbrücke, Am Wehr 1, 22. Bezirk
wakeboardlift.at
ÖPNV: Station Donaustadtbrücke

Alle zehn Sekunden klackert ein Führungshaken des Wasserschleppers an der Einstiegstelle vorbei und biegt auf die lange Gerade mit den im Wasser verteilten Rampen ab. An gelben Gummiseilen werden Wakeboarderinnen und Wasserskifahrer auf die Neue Donau hinausbefördert, entweder für die nächste Runde oder in Richtung Ausstiegsstelle. Die einen starten gemütlich im Sitzen oder Stehen, andere springen auf die Oberfläche des Gewässers. Der Liftwart trägt hier keinen warmen Anorak, sondern T-Shirt, Man Bun, verspiegelte Sonnenbrille und Sporthose. Schon seit 2008 macht der Wakeboard-Lift bei der Schleusenbrücke an der Neuen Donau Boardbegeisterte unabhängig von Boot und Wind und zieht sie mit rund 30 Kilometern pro Stunde im Kreis. Die Donauinsel wurde einst als Hochwasser-Schutzanlage errichtet, die meiste Zeit dient sie jedoch als gut organisiertes Freizeitparadies mit 42 Kilometern Strand.

Wenn ihr euch online erkundigt habt, ob der Lift geöffnet ist, fahrt ihr mit der U-Bahn in den Mini-Strandurlaub. Equipment wie Helm, Brett, Neoprenanzug und Schwimmweste könnt ihr vor Ort ausleihen.

Die Betreiber versprechen, dass man den Dreh schnell heraushat. Feuert eure Begleitung an oder holt sie im Fall des Fallens mit der Rettungsboje ein. Wer das Treiben länger beobachtet, sieht viele Arten von Wellenreitenden: vom jungen Schlacks, der sich kopfüber um die eigene Längsachse dreht, bis zu mutigen älteren Herrschaften. Von der wendigen Wasserbombe bis zur geübten Skaterin mit Stunts. Bei echten Könnern und Könnerinnen bleibt euch sicher der Mund offenstehen. Darauf ein Schluck Donauwasser.

EISSTOCKSCHIESSEN AUF HAWAII

WINTERSPORT UND WARME GETRÄNKE IM MQ

Museumsplatz 1, 7. Bezirk
www.mqw.at
ÖPNV: Volkstheater

Der Volkssport aus den Alpen hat in Wien Fuß gefasst, und ihr könnt daran auch bei Temperaturen über dem Gefrierpunkt Spaß haben. Mitten im Museumsquartier (MQ) werden zwischen November und Jänner zwei wetterfeste beleuchtete Bahnen aufgebaut. Ihr könnt eine Bahn online reservieren (45 Euro für 30 Minuten) oder spontan kommen und mitmachen (5 Euro pro Nase für 30 Minuten). Die Gestaltung der Anlage ist immer ein bisschen anders, so waren wir auf Hawaii samt Palmen und Aloha-Kiosk – da wird einem auch bei Minusgraden gleich warm ums Herz. Gespielt wird in Teams oder einzeln – jedenfalls gegeneinander. Schummeln ist nicht nur unsportlich, sondern auch zwecklos. Die Eisstöcke in Kinder- und Erwachsenengröße sind unverwechselbar.

Beim »Lattlschießen« werden von der Startlinie die Zahlen auf der quer über die Bahn gelagerten Latte anvisiert. Je höher die Zahl, desto mehr Punkte. Leer ausgehen kann man dabei auch. Die Latte könnt ihr euch nicht höher, aber weiter legen, nach den festgelegten Runden wird zusammengezählt. Beim »Daubenschießen« wird die Zielscheibe ins Zielfeld am Ende der Bahn gelegt. Wer mit seinem Stock am nächsten drankommt, gewinnt. Aber die Gesetze der Physik sind unerbittlich – Einfallswinkel entspricht Ausfallswinkel, beim Zusammenstoßen knallt es oft ordentlich, und so manche Partie endet mit einer Überraschung. Heiße Getränke sind jedenfalls in Griffweite, um auf den Sieg anzustoßen oder als Trostpreis. Dabeisein ist alles.

KLETTERN ÜBER DEN DÄCHERN

AUF DAS »HAUS DES MEERES«

Esterházypark, 6. Bezirk
www.flakturm-klettern.at
www.haus-des-meeres.at
ÖPNV: Station Haus des Meeres

30 Meter ragt die Hauptwand dieser Outdoor-Kletteranlage im dicht bebauten Stadtgebiet senkrecht in die Höhe. Ein Anblick, der das Herz von Kletterfreudigen höherschlagen lässt, allen anderen rutscht es eher in die Hose. Die Besonderheit dieser Felsensimulation: Die bunten Griffmulden der Anlage des Alpenvereins wurden in die drei Meter dicken Mauern eines ehemaligen Flakturms gebohrt. So sind hier Bouldern, Sportklettern, aber auch die ersten Schritte bzw. Griffe in die Kletterwelt möglich. Von April bis November kann mitten in Wien geklettert werden, ein Materialverleih ist dabei, Vereinsmitglieder bekommen Ermäßigung.

Seilklettern dürft ihr nur, wenn ihr zu zweit kommt und Seil- sowie Sicherungstechniken bereits beherrscht. Wer im Vorstieg klettern will, nimmt bitte eigene Sicherungsmittel (Seil und Express-Schlingen) mit.

Die Kletteranlage im Esterhazypark ist mit zwölf Hakenreihen ausgestattet. Mehr als 20 Routenvarianten, vom vierten bis zum neunten Schwierigkeitsgrad, führen bis unter das Dach des Betonbaus. Der Ausblick wird aber schon davor atemberaubend: über das Apollo-Kino hinweg zur Wienzeile hinunter, in Richtung Innenstadt die Gumpendorferstraße entlang, in Innenhöfe und auf Dächer. Einen – zugegeben unsportlichen – Vorgeschmack bietet die Live-Cam »Wien Süd« auf dem Dach des »Haus des Meeres«. Nach eurer Klettertour könnt ihr in den Aqua-Terra-Zoo abtauchen. Neu ist das Hai-Aquarium im 7. Stock mit 360-Grad-Einblick und 120 Quadratmetern Korallenriff.

PLANSCHEN MIT TRADITION

STRANDBAD GÄNSEHÄUFEL UND ALTE DONAU

Moissigasse 21, 22. Bezirk
www.wien.gv.at/freizeit/baeder/uebersicht/sommerbaeder
ÖPNV: Station Schüttauplatz

Mit den Worten Kult und Legende gilt es stets sparsam umzugehen. Auf das städtische Strandbad Gänsehäufel an der Alten Donau treffen aber beide zu, denn vieles an diesem Bad ist rekordverdächtig. Auf dem Weg zu den Eingängen erhascht ihr einen ersten Blick auf die unverfälschte Fünfziger-Jahre-Architektur des Bades mit ganz viel Wiederaufbau-Beton für Garderoben, Uhrturm und Buffet. Die bewaldete Insel, deren Name auf im Flussbett angeschwemmten Inseln, vulgo Haufen zurückgeht, wurde im Zuge der Donauregulierung zugänglich. Ihr Potenzial erkannte 1900 der Naturbursche Florian Berndl, der sie pachtete und dort die Heilwirkung von Freiluft-, Sand- und Sonnenbädern predigte. Berndl empfahl Schlammbäder, aber vermied Steuerzahlungen, weswegen er sich letztlich zurückziehen musste. 1907 errichtete die Gemeinde Wien das erste kommunale Strandbad Europas mit elektrischem Licht und Hochquellwasserleitung. Ab 1948 wurden die Bombenkrater beseitigt und die Badeanlagen wieder aufgebaut. Am 21. Juni 1950 wurde das Gänsehäufel in der bestehenden Form eröffnet. Ausgelegt ist es für 33.000 Personen auf 330.000 Quadratmetern, mit 3.574 Kabinen, 10.368 Kästchen und 260 Duschen. Das Gänsehäufel umfasst 65.000 Quadratmeter Naturgewässer, 2.015 Quadratmeter Poolfläche und 1.000 Meter Strand. Hier wird jeder Badewillige nach seiner Fasson glücklich.

Ihr badet lieber ohne Badeanzug? Nackig machen ist kein Problem im FKK-Bereich, der auch ein tolles eigenes Buffet hat. Ihr kommt mit

Kindern und wollt nicht als Störfaktor gesehen werden? Der Familienstrand mit Piratenschiff oder der Kinder-Erlebnisbereich erwarten euch. Bloß nicht zu viel Trubel? Am Weststrand mit den Kabanen macht niemand Radau. Eigentlich mögt ihr kein Naturwasser? Stürzt euch in das Sportbecken oder auf die Wasserrutsche. Nur Baden ist fad? Tischtennis, Tennis, Luftburg, Blocksauna, Massage, Volleyball, Erlebnis-Biotop, Fußball, Kasperltheater, Street-Basketball, Trampolin, Hochseilgarten, SUP-Verleih, Pumptrack, Boccia, Fitnessgeräte, Tischfußball – hier findet ihr alles. Und das von Mai bis September für nicht einmal eine Handvoll Euro.

Großzügig: ja. Laissez-faire: nein. Die Bademeister im Gänsehäufel sind eine Klasse für sich. In weißer Dienstkleidung mit Sonnenbrille und Pfeiferl zelebrieren sie die richtige Balance aus Strenge und Schmäh. Im Wellenbecken tun gleich drei der Aufseher Dienst, denn zur halben und zur vollen Stunde geht es hier sieben Minuten hoch her. Aber auch das Richten der Wiesen, das Schlichten von Konflikten und das Wegschicken von Spannern und Rowdys meistern sie nonchalant.

Vom Wasserpark in Floridsdorf bis zum Kaisermühlendamm ist die Alte Donau von Lokalen, Stränden und Freizeiteinrichtungen gesäumt. Es ist schwer vorstellbar, dass dieser von der Strömung abgedämmte Arm bis 1875 der Hauptstrom war, den Johann Strauss im Donauwalzer feierte. Zu Wassersport, Verleihmöglichkeiten und Bädern mit und ohne Eintritt etc. führt euch die »Wiener Wasserweg«-App. An der Oberen Alten Donau empfehlen wir euch das »Gasthaus Birner« samt zugehörigem Eissalon am Steg und an der Unteren Alten Donau das Lokal »Zur alten Kaisermühle« für Wiener Küche mit Blick aufs Wasser.

EIN FAHRRAD AUSLEIHEN

Wenn ihr für das spontane Erkunden eines Grätzels lieber strampeln wollt, stehen euch in ganz Wien 3.000 Leih-Räder an 185 Standorten zur Verfügung. Gekennzeichnet sind die Stationen mit einer schlanken roten Infostele. Das WienMobil Rad der Firma nextbike ist ein siebengängiges Smartbike mit integriertem elektronischen Rahmenschloss. Es kann mittels GPS geortet und an jeder Station ausgeborgt oder zurückgegeben werden. Die Registrierung des Kundenkontos ist kostenlos, abgerechnet wird im Halbstundentakt. Der Tarif für das Bikesharing beträgt 60 Cent für eine halbe Stunde. Sämtliche Standorte sind auch in der Mobilitäts-App der Wiener Linien (WienMobil) zu finden.

Wollt ihr ein Rad/E-Bike für mehrere Tage ausleihen, sind Fahrrad 1050 in der Kohlgasse (5. Bezirk), bike 20 (20. Bezirk, www.bike20.at), enzovelo (9. Bezirk, enzovelo.at) oder die Radstation am Wiener Hauptbahnhof (10. Bezirk, www.dieradstation.cc) gute Adressen. E-Bike laden (www.wienenergie.at), Luftpumpen und 1.400 Kilometer Radwege gibt es einfach so dazu.

➳ www.wienmobilrad.at

BALANCIEREN FÜR GROSS UND KLEIN

BEWEGUNGSSPASS IM MOTORIKPARK 10

Helmut-Zilk-Park, 10. Bezirk
motorikpark-wien.at
ÖPNV: Station Hlawkagasse

Wenn der Tag sich bewölkt und windig anlässt oder ihr Zeit bis zur Abfahrt vom Hauptbahnhof zu überbrücken habt, ist der Motorikpark im zehnten Bezirk ideal. Als Teil eines 2017 errichteten Wohnviertels spenden die Bäume zwar noch kaum Schatten, dafür sind sogar die Gleisbetten der Straßenbahn begrünt! Groß und Klein können hier bei freiem Eintritt spielerisch Gleichgewicht, Koordination und Geschicklichkeit trainieren, die Core-Muskulatur muss tüchtig arbeiten. Schon in der zweiten Runde auf dem Parcours läuft es besser – versprochen. Weil die Anlage für Kinder und Erwachsene ab 1,40 Meter Körpergröße angelegt ist, stimmen Schrittlänge und Höhe der Stationen nicht durchgehend für alle. Aber bald findet jeder seinen Favoriten – oder eben das, was er am meisten üben muss. Rücksicht ist Pflicht, selbst coole Youngster schwenken hier rasch von Wettkampfmodus auf Hilfsbereitschaft um, wenn einer in den Rindenmulch plumpst oder unfreiwillig absteigt. Dann heißt es: Krönchen richten und beherzt wieder aufsteigen.

Alles wackelt und wippt. Rundherum düsen Kinder auf fahrbaren Untersätzen, schwingen auf der Stehseilschaukel in Drachenform, laufen Slalom oder hängen kopfüber an der Wand. Eine Bäckerei-Filiale, die wie ein gestrandeter Emmentaler aussieht, stellt die Versorgung sicher. Die flache Wiese vor dem Geschicklichkeitsparcours eignet sich auch zum Drachensteigenlassen. Im Spielzeuggeschäft »1100 Kind« (Sissy-Löwinger-Weg) könnt ihr einen Lenkdrachen oder andere Mitbringsel für Kinder beschaffen. Auf der anderen Parkseite führt der Eissalon »Schelato« wirklich spezielle Sorten.

ZWISCHEN WILDSAU UND SISI-SCHLOSS WANDERN

DER LAINZER TIERGARTEN

Nikolaitor, Nikolausgasse, 13. Bezirk
www.lainzer-tiergarten.at
ÖPNV: Station Hütteldorf

Nur wenige Schritte von der U-Bahn entfernt lockt das Naturschutzgebiet Lainzer Tiergarten. Im Frühjahr, wenn die Blätter austreiben, und im Herbst, wenn sie fallen, entfaltet das ehemalige kaiserliche Jagdgebiet seinen Reiz – quasi in der Bärlauch- und in der Brombeer-Saison. Feste Schuhe sind wichtig, Nordic-Walking-Stöcke können hilfreich sein, und seht bitte vorab die Schließzeiten der Tore nach! Es gilt Hundeverbot und gibt keinen Winterdienst.

Beim Nikolaitor haltet ihr euch zunächst links (Richtung St. Veiter Tor/Wiener Blick). Zuerst rauschen Autobahn und U-Bahn noch hörbar, aber bald kehrt Ruhe ein. In dem ummauerten Gelände leben viele Wildtiere, es ist aber kein Streichelzoo. Füttern ist verboten. Die Wahrscheinlichkeit, dass ihr Wildschweine, Hirsche oder Rehe beobachten könnt, ist hoch.

Eine Pause lohnt auf der Lagerwiese beim Wiener Blick, wo euch die Stadt zu Füßen liegt. Wenn ihr euch sattgesehen habt, geht es über das St.-Veiter-Tor zügig immer weiter bergab zur »Hermesvilla« (www.hermesvilla.at), benannt nach der Marmorstatue »Hermes als Wächter« davor. Kaiser Franz Joseph machte sie seiner reisefreudigen Gattin zum Geschenk. »Schloss der Träume« soll die berühmte Sisi die Villa einmal genannt haben. Drinnen könnt ihr das farbenfrohe Turnzimmer und das Schlafzimmer von Elisabeth besichtigen. Im Lokal »Hermes« im Erdgeschoß empfehlen wir euch die Wildgerichte, denn sie kommen fix aus der unmittelbaren Umgebung. Auch einen Picknickkorb samt Federball-Set oder Boccia könnt ihr vorab reservieren. Dann noch ein Selfie mit dem Götterboten und ihr macht euch auf den Weg hinaus zum »Lainzer Tor«.

KLETTERN IM WIENERWALD

WALDSEILPARK KAHLENBERG UND JOSEFINENHÜTTE

Josefsdorf 47, 19. Bezirk
www.erlebniswelt-kahlenberg.at
ÖPNV: Station Elisabethwiese

Bevor es im Klettergarten in die Höhe geht, werden die Gurte angezogen und die Karabiner klicken. Das ist ebenso obligatorisch wie die Helmpflicht, die Sicherheitseinweisung und der kurze Probelauf, um das Ein- und Aushängen zu üben. Das alles aus gutem Grund, denn der Klettergurt fängt euch auf, wenn ihr in luftiger Höhe daneben steigt. Ab 110 Zentimetern Körpergröße darf hier gekraxelt werden. Unter 18 Jahren bemessen sich Eintrittspreis und Schwierigkeitsgrad an den Zentimetern. Alle unter 14 klettern mit Begleitperson und tragen einen roten Helm.

Blau, Rot und Schwarz markieren die Schwierigkeitsgrade der 17 Routen – die Aussicht ist bei allen gleich grün. »Flying Foxes«, also Seilrutschen, sind überall eingebaut. Auf Route Rot IV mit der beliebten Seilrutsche quer über die Wiese staut es sich manchmal.

Wir empfehlen, die eigenen Kletterkenntnisse realistisch einzuschätzen und rechtzeitig aufzuhören. Schon die blauen Routen machen Spaß, die roten sind durchaus herausfordernd. Auch wenn ihr von jeder Baumplattform heruntergepflückt werden könntet – wollt ihr um Hilfe rufen oder lieber wie Tarzan schreien? Von März bis Oktober ist der Erlebnispark, in dem ihr auch Pfeil und Bogen ausborgen könnt, geöffnet. Der Eintritt gilt für vier Stunden. Bei schönem Wetter ist viel los, aber der Andrang verteilt sich gut. Bogenschützen und Kletterfreudige werden sorgfältig getrennt. Zum Adrenalinabbau könnt ihr anschließend in die »Josefinenhütte« einkehren. Das Ausflugslokal hat die Öffnungszeiten abgestimmt, eine E-Bike-Ladestation und serviert im schönen Gastgarten kühle Getränke und Wiener Küche.

WIEN ERLAUFEN

Falls ihr gerne Laufschuhe in die Reisetasche packt, verraten wir euch ein paar schöne Strecken:

- Donauinsel von der Floridsdorfer Brücke (21. Bezirk) Richtung Norden bis zum Spitz, Blick auf das Stift Klosterneuburg und zurück (ca. zwölf Kilometer), Duschen, WC und Wasserbrunnen vorhanden.
- Im Belvedere Schlossgarten (3. Bezirk) die Sphingen im Morgenlicht begrüßen. Pro Runde 1,3 Kilometer.
- Prater Hauptallee von Praterstern bis Lusthaus (2. Bezirk) und retour neun Kilometer. Hier könnt ihr euch nicht verirren.
- Die Ringrunde (1. Bezirk) zu Randzeiten für Sightseeing mit Sport (sechs Kilometer).
- Schwarzenbergpark (17. Bezirk) von der Endstation Neuwaldegg über Waldegghofgasse auf die Allee, vor zum Parapluieteich, rundherum und zurück (4,4 Kilometer).
- Naturschutzgebiet Wienerberg (10. Bezirk) – zwischen Hochhäusern am Schilfgürtel entlang um den See und Vögel beobachten (eine Runde ca. drei Kilometer).
- Weekly Long-Run mit Gleichgesinnten (sonntags um 8:30 Uhr): www.wemove.at/weekly-long-run

- Weitere Strecken: wienlaeuft.echonet.at

MIT DEM LIEBLINGSMENSCHEN

Arm in Arm die Stadt erkunden

SCHLENDERN WIE ETHAN UND JULIE

ZUM FRIEDHOF DER NAMENLOSEN

Alberner Hafenzufahrtsstraß, 11. Bezirk
friedhof-der-namenlosen.at
movie-locations.com/movies/b/Before-Sunrise.php
ÖPNV: Station Wien Alberner Hafen

Vielleicht kennt ihr den Film »Before Sunrise« von Richard Linklater (von 1994). Eine Französin (Julie Delpy) und ein Amerikaner (Ethan Hawke) lernen sich bei einer Zugfahrt kennen und beschließen spontan, eine Nacht in Wien zu verbringen, bevor sie in ihre Leben zurückkehren. Die beiden Twentysomethings spazieren über Brücken, treffen abgedrehte Wiener, fahren mit der Straßenbahn, hören Schallplatten und reden, reden, reden. Viele Drehorte des Films könnt ihr in der Innenstadt finden: Stadtpark, Albertina-Rampe, Mölker-Steig, Donaukanal, Maria am Gestade und das »Kleine Café« auf dem Franziskanerplatz (1. Bezirk). Auch die Schallplatten beim »Teuchtler« in der Windmühlgasse 10 gibt es noch und Kaffee im Café Sperl (beide 6. Bezirk).

Was Hollywood allerdings schlankerhand an eine U-Bahn-Station verlegt hat, ist der verwunschene alte »Friedhof der Namenlosen« (11. Bezirk). Zu diesem Ort, an dem Opfer des Donaustroms begraben sind, die berufsbedingt oder absichtlich im Fluss ihr Leben ließen, gelangt man nur mit einer Busreise durchs Industriegebiet und den Kiesweg hinter dem Balken. Je nach Gemütslage lohnt ein Besuch im grauen November oder eben im Frühling, wenn die alten Laubbäume austreiben, am besten in der Morgensonne. Bunte Steine, Kuscheltiere und Kerzen zeigen, dass auch diese Toten nicht vergessen sind. Friedhofsstille herrscht hier unter der Woche sicher nicht, weil im »Hafen Albern« lautstark der Verlade-Arbeit nachgegangen wird. Die An- und Abreise will jedenfalls gut geplant sein, weil oft nur ein Bus pro Stunde fährt. Unabhängiger seid ihr mit einem Fahrrad an der Donau entlang.

TIERISCHES NACHTLEBEN BEOBACHTEN

DURCH DEN ÄLTESTEN ZOO DER WELT

Tiergarten Schönbrunn, Eingang Maxingstraße 13b, 13. Bezirk
www.zoovienna.at
ÖPNV: Station Hietzing

Was macht der Waldrapp in der Nacht? Wie schlafen Giraffen? Und gehen Mähnenrobben nachts schwimmen? Ein Besuch im ältesten Zoo der Welt nahe dem Schloss Schönbrunn gehört für Tierfreunde und Tierfreundinnen zum Pflichtprogramm, ob reiferes Semester oder junger Hupfer. In den vergangenen Jahrzehnten wurden etliche bauliche Anpassungen vorgenommen, um den exotischen Schaugarten, eröffnet 1752, in eine artenschutzkonforme Forschungseinrichtung für den Schutz und die Nachzucht bedrohter Tierarten zu verwandeln. Er wurde schon mehrmals zum besten Zoo Europas gekürt.

Ein besonderes Erlebnis ist die Nachtführung. Unter fachkundiger Anleitung erforscht ihr vorsichtig, was die Bewohner nach Einbruch der Dunkelheit so treiben. Die Spezialführung wird eigens über den Buchungsservice reserviert.

Wenn alle anderen weg sind, betretet ihr in der Dämmerung das Herz des Tiergartens: den Wirtschaftshof. Ausgerüstet mit Nachtsichtgeräten und festem Schuhwerk stattet ihr in einer kleinen Gruppe Publikumslieblingen und weniger bekannten Spezies einen Besuch ab. Nicht immer passiert, was im Lehrbuch steht, denn die Tiere haben ihren eigenen Kopf. Viele eigene Fragen zu stellen ist in den zwei Stunden ausdrücklich erwünscht. Künftig habt ihr dann einiges zum Thema Nachtschwärmer beizutragen. Sicher werdet ihr die Mähnenrobben beneiden, die beim nächtlichen Baden schlafen können, weil eine Gehirnhälfte alle lebensnotwendigen Funktionen überwacht.

FREMDE PFLANZENWELTEN ERKUNDEN

DER BOTANISCHE GARTEN IN WIEN

Rennweg 14, Eingang Mechelgasse 2, 3. Bezirk
botanischergarten.univie.ac.at
ÖPNV: Station Rennweg

Ein besonderes Juwel der Stadt liegt gleich neben dem Schloss Belvedere: der große Botanische Garten der Universität Wien. Hier wachsen 11.500 Pflanzenarten von sechs Kontinenten. Ihr könnt bei freiem Eintritt durch die Flora fremder Länder spazieren und über die abenteuerlichen Ausformungen und prächtigen Blüten von Sukkulenten, Orchideen oder Grasbäumen staunen. Auf acht Hektar wurde ein Alpengarten angelegt, in dem die wichtigsten heimischen Gebirgspflanzen wachsen. Ein Ausflug lohnt sich auch zur kalten Jahreszeit, wenn die Kakteen und tropischen Gewächse in den Glashäusern blühen. Auf der Wiese hinter dem neu errichteten Botanikum, einem Kursgebäude für die »Grüne Schule«, entwickelt sich im Frühjahr eine bunte Brachfläche, die viele Tiere anzieht. Eins mit der Natur präsentiert ihr euch vor der Selfie-Wand, deren Darstellung der »Pflanzen-Charaktere« euch bewusst macht, von wie vielen unterschiedlichen Pflanzen wir im Alltag umgeben sind. Jede Art zeigt eine einzigartige Kombination von Merkmalen und Anpassungen, die ihnen das Überleben an unwirtlichen Standorten ermöglicht. Postet euer Foto danach unter dem Hashtag #VielfaltistLeben. Lasst euch durch den Garten treiben, schnuppert an Blüten, doch greift nicht in die Stacheln. Setzt euch entspannt auf eine der Parkbänke und lauscht. Es gibt Menschen, die täglich hierherkommen und die Natur beobachten. An ihrem Wissen lassen sie oft gerne auch andere teilhaben, woraus sich nette Gespräche entwickeln können. Oder ihr bucht eine offizielle Führung.

EINE ABKÜRZUNG ZUM GLÜCK FINDEN

DIE KLEEBLATT-PASSAGE

1. Bezirk
ÖPNV: Station Brandstätte

Abgesehen vom Glücksgefühl, das sich einstellt, wenn ihr in einer fremden Stadt einfach eine Abkürzung nehmt, versammelt die Kleeblatt-Passage viele Sorten Glück auf engstem Raum. Sie verbindet die Tuchlauben mit der Kurrentgasse, und das Verweilen lohnt aus unterschiedlichen Gründen.

Zwei Kugeln vom »Eissalon Tuchlauben« der Familie Perizzolo aus Trient machen verlässlich glücklich. Die Spezialsorten (Nougat & Walderdbeere) kosten extra, aber auch das übliche Sortiment kann sich sehen lassen – wo sonst gibt es die Sorte Kornelkirsche? Wenn es zu kalt für Eis ist, geht ihr stattdessen um die Ecke in die Alimentari »Casa Delizia« auf ein Glas Prosecco und einen Happen, zubereitet von Chef Luka Popovic.

Links neben der Passage wohnen Bücherglück und Gesellschaftskritik in der Buchhandlung »Chick-Lit« (chicklit.at) von Jenny und Paula (samstags geschlossen). Zum Schmökern gibt es hier eine Sitzecke und neben Romanen, Graphic Novels, Kinder- und Jugendliteratur auch lesbische und feministische Magazine.

In der Passage selbst hat »Ring King« Max Grün sein Geschäft (ring-king.com). Ein Namenszug, eine Jahreszahl oder Eheringe? Der Goldschmied hat stets das passende Stück, mit dem ihr eure Beziehung besiegeln könnt. Seine Spezialität sind maßgeschneiderte Unikate, auch Schmankerl wie Käsekrainer und Schnitzelsemmel werden hier zu Schmuck.

Ebenso originell und handwerklich hochwertig ist die Ware am anderen Ende der Passage. Die Bäckerei Arthur Grimm (seit 1536) mit dem schönen goldenen Zunftzeichen in der Kurrentgasse führt feines Jourgebäck. In dieser Mini-Version könnt ihr euch durch die ganze Vielfalt probieren.

FLANIEREN IN SCHÖNBRUNN

KAISERLICH BIS ZUM KAFFEEHAUS

13. Bezirk
www.schoenbrunn.at
ÖPNV: Station Hietzing

Die Wiener Bevölkerung liebt ihren Schönbrunner Schlosspark zu jeder Jahreszeit, und auch ihr könnt euch hier auf den Weg zum Kaiserlichen Wien machen. 1779 wurde er zum Missfallen des Hofadels für die Allgemeinheit geöffnet, und die Menschen dürften damals beim ersten Anblick der 160 Hektar großen Parkanlage nicht schlecht gestaunt haben. Bis heute entzückt und begeistert die Opulenz Einheimische und Touristinnen gleichermaßen. Seither wird hier gelustwandelt, spaziert, Sport getrieben oder im vorweihnachtlichen Ehrenhof Glühwein getrunken. Frühmorgens gehört einem die Pracht oft ganz allein.

Für einen zweistündigen Spaziergang beginnt ihr am besten am »Hietzinger Tor« (Hietzinger Platz) und wendet euch nach rechts, um das Große Palmenhaus nicht zu verpassen. Kaiser Franz Joseph I. gab es 1880 in Auftrag. Seither wächst in dem größten Glashaus auf europäischem Festland eine umfangreiche Pflanzensammlung mit Exponaten aus aller Welt. Vielleicht wollt ihr gleich in die feucht-warme Atmosphäre unter der Glaskuppel abbiegen, dann plant mindestens eine Stunde dafür ein.

Am Eingang des Tiergartens geht ihr rechts außen vorbei den Schönbrunner Berg hinauf. Ihr passiert teils seltene Bäume und Sträucher, allesamt schön erklärt, bevor ihr das letzte Stück durch den Laubwald bis zum »Tirolerhof« nehmt. Der Gastgarten vor dem Bauernhaus von 1722, das in Brandenberg abgebaut und hier wieder aufgestellt wurde, ist im Sommer ein beliebter Treffpunkt. Den höchsten Punkt des Schloss-

parks habt ihr bei der »Gloriette« erreicht. Der Ausblick ist an klaren Tagen phantastisch. Gegenüber seht ihr auf der Anhöhe die vergoldete Kuppel der Otto-Wagner-Kirche auf den Steinhof-Gründen glitzern. Wenn ihr das Panorama ausführlich genossen und fotografiert habt, spaziert einmal um den Teich vor der Gloriette, die dem Kaiser als Festsaal und Frühstückszimmer diente. Der Hofarchitekt Hetzendorf von Hohenberg plante sie 1775 als Blickfang und »Ruhmestempel«, heute ist darin ein Kaffeehaus untergebracht.

Nun geht es im Zickzack den Berg hinab. Am Fuße der Anhöhe verläuft die Allee, an der auch der große Neptunbrunnen, die römische Ruine sowie der Obelisk liegen. Der Pavillon mit dem namengebenden »schönen Brunnen« liegt etwas versteckt schräg gegenüber der römischen Ruine. Die anmutige Nymphe »Egeria« gießt hier aus einer Vase wertvolles Quellwasser in den Brunnen. Der Platz hinter dem Schloss wird »Großes Parterre« genannt. Die umliegenden Hecken sind von 32 mythologischen Statuen gesäumt, die erhaben zum Schloss blicken. Ganz vorne begrüßen uns Artemisia und Kalliope, Hannibal und Paris schließen die linke Reihe ab. Auf der rechten Seite des Parterre ist ein historischer Irrgarten angelegt, der in der warmen Jahreszeit zum Verlaufen einlädt (mit Ticket). Ihr könnt nun den Ausgang Meidling (östlich) nehmen oder zurück zum Hietzinger Tor (westlich) gehen. Wer fit genug ist, macht noch einen Abstecher ins »Wüstenhaus«, wo es warm und trocken ist. Es gibt Klapperschlangen, Nacktmulle und botanische Raritäten zu sehen. Danach wartet im »Café Dommayer« nahe dem Hietzinger Tor eine große Kaffeekarte und eine noch größere Auswahl an Mehlspeisen auf euch. Einfach kaiserlich!

ZURECHTFINDEN IN WIEN

Tripadvisor weiß, was andere über einen Ort denken. Die Standortbestimmung weiß, wo ihr gerade seid. Und Google (Maps) weiß bekanntlich fast alles. Aber der Online-Stadtplan der Stadt Wien weiß wirklich alles, was ihr für euren Aufenthalt in der Stadt wissen müsst. Er kennt zwar keine Lokale, aber dafür punktgenau die Infrastruktur.

Ihr könnt eine Adresse suchen und euch das Ergebnis als Karte oder per Luftbild anzeigen lassen, natürlich auch reinzoomen und die Umgebung in den Blick nehmen. Über die Suchleiste könnt ihr euch zudem diverse andere Karteninhalte anzeigen lassen: etwa die öffentlichen Verkehrsmittel rundum, die Spielplätze, die öffentlichen WC-Anlagen oder die Nachtbusse. Außerdem U-Bahn-Stationen mit Aufzug, Radservice, Taxistandplätze, Carsharing, Kurzparkzonen, Sehenswürdigkeiten, Fundservice, Parks, Hundezonen, Badestellen, Apotheken, Krankenhäuser, Trinkbrunnen, Polizeistationen, Grillplätze, Briefkästen, WLAN, Fiaker-Standplätze und so fort. Noch Fragen?

➤➤ www.wien.gv.at/stadtplan

MEDIZINGESCHICHTE ERLEBEN

GUGLHUPF UND ANONYME ENTBINDUNG

Altes AKH, 9. Bezirk
geschichte.univie.ac.at
ÖPNV: Station Sensengasse

Wenn ihr euch auf das morbide Wien einlassen wollt, seid ihr im 1784 eröffneten Allgemeinen Krankenhaus richtig. Heute heißt das Gelände mit den vielen Höfen »Altes AKH« und wird als Campus der Universität Wien genutzt. Das studentische Flair, akkurate Alleen und gemütliche Wiesen machen es reizvoll, drei Einrichtungen auf dem Gelände machen Medizingeschichte erfahrbar.

Ab den 1830er Jahren reformierten Carl von Rokitansky und Joseph Skoda die antike »Vier-Säfte-Lehre«. Sie suchten nach Zusammenhängen zwischen anatomischen Veränderungen und klinischen Symptomen und beobachteten durch Serien von Sektionen das Voranschreiten von Krankheiten im Körper.

Bis heute befindet sich die mit 49.000 Objekten größte anatomisch-pathologische Sammlung der Welt in Wien, genauer gesagt im »Narrenturm« oder »Guglhupf«, wie die Wiener und Wienerinnen das Gebäude aufgrund seiner Bauweise und ursprünglichen Bestimmung als Psychiatrische Heilanstalt tauften. Frisch saniert und mit neuem Konzept hat der Rundbau einiges von seinem Grusel-Image verloren. Am Beginn des Museumsrundgangs steht ein Zitat des Anatomen Giovanni Morgagni: »Schweigen sollen die Gespräche, entfliehen das Lachen, hier ist der Ort, an dem der Tod sich freut, dem Leben zu helfen.« Voyeurismus und das Fotografieren der historischen Nass- und Trocken-Präparate sowie der Wachs-Moulagen der Krankheitsbilder sind fehl am Platz. Im Erdgeschoß ist jede der ehemaligen Zellen einem

Pathologie heute
Modern Pathology

Organ, einer Krankheit, einer Behandlungs- oder Untersuchungsmethode gewidmet. Die »Wiener Krankheit«, wie die Tuberkulose einst hieß, hat ein Zimmer, aber auch Impfungen und Infektionskrankheiten. Eine pauschale Triggerwarnung sei an dieser Stelle vorangestellt: Exponate von Krebserkrankungen können ungut einfahren, Rachitis und Gendefekte ebenso. Aber wer sich mit oder ohne medizinisches Vorwissen über Gesundheit und Krankheit informieren möchte, ist hier genau richtig. Für die weiterführende Sammlung im ersten Stock ist eine Führung zu buchen.

Das »Tor der heimlich Schwangeren« im Hof VII/Alserstraße ist heute versperrt (»Holzknecht-Tor«). Am Ende des 18. Jahrhunderts war es ein Zufluchtsort für Frauen »vor Schand und Noth«. Zu einer Zeit, als Verhütung unbekannt und uneheliche Kinder die größte Schande waren, war eine anonyme Entbindung die Rettung für die Mütter. Die Kinder wurden in der Folge an Pflegeeltern weitervermittelt.

Im Vergleich der beiden Geburtenstationen im AKH fand der Chirurg und Geburtshelfer Ignaz Semmelweis heraus, wie wichtig Händewaschen vor jeder Behandlung ist. Auf der Station mit den Ärzten, die direkt von der Pathologie kamen, grassierte das Kindbettfieber. Auf der Station mit den Hebammen waren die Fallzahlen deutlich niedriger. Hören wollten das die Götter in Weiß zunächst nicht.

Vorne an der Währingerstraße ist noch das »Josephinum« untergebracht, bis 1874 die Militär-Chirurgenakademie. Das Museum beherbergt anatomische Atlanten in 3D. In Vitrinen stehen und liegen ideale Männer- und Frauenkörper aus Wachs, reduziert auf ihre funktionalen Bestandteile: Blutgefäße, Muskeln, Nerven. Ein Highlight ist die blonde Schwangere mit dem Bauch zum Hineinsehen. Sie trägt eine Perlenkette und scheint trotz Sectio zu schlafen.

AUGEN ZU UND DURCH

In Wien wird nicht im rasantesten Tempo modernisiert. Deshalb könnt ihr hier an einigen Orten noch mit einem Paternoster fahren. Der zweitälteste Personen-Umlaufaufzug (Baujahr 1918) ist im Rathaus öffentlich zugänglich und fährt täglich bis circa 16 Uhr.

Beim Eingang in der Felderstraße haltet ihr euch gleich rechts (Richtung Stiege VI) und geht ganz nach hinten. Die Fahrt offenbart ein weiteres Wiener Spezifikum: Die kreative Benennung der Stockwerke, um Steuern zu sparen, denn in der Gründerzeit musste für jede nummerierte Etage gezahlt werden.

Ihr steigt also im Parterre ein, steigt auf ins Hochparterre, dann in den Halbstock (Mezzanin), den ersten und zweiten Stock. Am Dachboden wendet der Lift – aber die Kabine dreht sich dabei nicht um – und fährt wieder hinunter, um im Keller wieder zu wenden. Ihr werdet im letzten Stockwerk aufgefordert auszusteigen, eine Rundfahrt ist aber gefahrlos. Es wird kurz dunkel, riecht nach Maschinenöl und knarzt, und dann taucht ihr wieder auf.

➳ Paternoster im Rathaus, Felderstraße 1, 1. Bezirk, Stiege VI

➳ www.aufzugmuseum.at

VON WIEN ERZÄHLT BEKOMMEN

EINE STADTFÜHRUNG MIT FRIEDERIKE KRAUS

wien-stadtfuehrung.info
www.erzaehlmirvon.wien

Fritzi Kraus könnte man wohl an jeder Wiener Straßenecke aussetzen – sie wüsste ein G'schichtl zu erzählen. Als lebhaftes Kind bekam sie von ihrer Oma oft zu hören: »Du bist so narrisch wie die Gräfin Triangi.« Es sollte noch viel Wasser die Donau hinunterfließen, bis Friederike ihr Geschichtsstudium mit einer Arbeit über »Wiener Originale« abschloss und besagte Gräfin ihr wieder begegnete. Heute ist die Installateurmeisterin im Ruhestand und arbeitet als Podcasterin (»Erzähl mir von Wien«) und Stadtführerin. Jahreszahlen runterleiern ist dabei ihre Sache nicht, viel wichtiger findet sie es, Ereignisse in der Geschichte einzuordnen. Neben harten Fakten zu Baugeschichte und Regentschaft weiß sie, wer mit wem eine Liebschaft hatte, was en vogue war, welche Intrigen gesponnen und welche Fehden ausgefochten wurden. Ihr Gehirn funktioniert anscheinend wie ein Schwamm, der alles aufsaugt, festhält und auf Abruf in wunderbarem Wienerisch wieder abgibt. »Einige Sachen weiß ich einfach deswegen, weil ich alt bin und seit mehr als 70 Jahren da wohn«, sagt sie ohne jede Koketterie.

Fritzi Kraus stellt Führungen auf Wunsch zusammen oder geht durch einzelne Bezirke, zum Beispiel Leopoldstadt (2. Bezirk), Mariahilf (6. Bezirk) oder Alsergrund (9. Bezirk). Wie lebten die Wiener Wäschermädel wirklich? Wer wohnte in den prächtigen Gebäuden auf der Wienzeile? In einem Pensionistenheim fand sie schließlich eine Dame, die Beatrice Triangi (1868-1940) noch persönlich gekannt und im Varieté Westend gesehen hatte. Die Triangi starb verlacht, verarmt und verrückt, lebte aber stets nach dem Motto »Fake it till you make it«.

DAS BUNTE »Z« IN RH5H

CAFÉS UND KULTUR IN RUDOLFSHEIM-FÜNFHAUS

Herklotzgasse – Reindorfgasse – Schwendergasse, 15. Bezirk
ÖPNV: Station Gumpendorferstraße

Zu einer Zeit, als das Wort Hipster noch nicht erfunden war, zogen erste engagierte Jungunternehmerinnen in die Reindorfgasse. Die Miete im Bezirk Rudolfsheim-Fünfhaus war günstig, die Neugier und der Tatendrang groß. Gemeinsam mit alteingesessenen Unternehmen und anderen Pionieren gedieh über die Jahre eine lebendige Nachbarschaft, die sich jeden Herbst im zweitägigen »Reindorfgassenfest« mit Kunst, Kulinarik und viel Musik feiert.

Wir nehmen euch mit auf einen Zickzack-Kurs durch RH5H, denn die Straßenzüge sehen von oben aus wie ein »Z«. Es beginnt in der Herklotzgasse mit einem Durchhaus. Über die Geschichte der ehemaligen jüdischen Vorstadtgemeinde klärt ein Audioguide auf, aktiviert über den QR-Code neben dem Eingang. An die deportierten, geflüchteten und ermordeten Bewohner und Bewohnerinnen erinnern im Gehsteig eingelassene Steine des Gedenkens aus Messing. Heute sind in dem ehemaligen Fabrikgebäude der multimediale Veranstaltungsort »brick-15«, das Lokal »Turnhalle« und der »Kulturschuppen« untergebracht. Ein Stück weiter vorne zweigt die Reindorfgasse ab. Ihr Zentrum bildet das alte holzgetäfelte »Gasthaus Quell« (gasthausquell.at) gegenüber der Kirche, in dem immer wieder Konzerte stattfinden. Lasst euch in diesem urigen Beisl die Wirtshausklassiker schmecken, authentischer und besser werdet ihr sie kaum finden. Im Sommer sitzt ihr gemütlich im Gastgarten und könnt das Treiben beobachten. Rundum bietet sich eine bunte Vielfalt von türkischem Friseur, dem Radgeschäft »Popsykkel«, einem Craft-Beer-Laden, der Weinhandlung Rudolf Polifka und dem Fachgeschäft »Cheese Castle Vienna«, wo ihr zum Beispiel auch ein Picknick zusammenstellen könnt. Im Buchcafé

FRIEND

»Melange« (buchcafe-melange.com) bekommt ihr neben Lesetipps der Inhaberin Romana Ledl auch Kaffee und Kuchen. Die »Jan Arnold Gallery« kuratiert die großformatigen Street-Art-Wände des Grätzels. Vielleicht liegt die einzigartig gelungene Mischung am Segen von ganz

oben, denn der bosnische Wallfahrtsort Medjugorje hat hier ebenfalls ein Gassenlokal und verbreitet im Schaufenster die neuesten Botschaften der Muttergottes. Am Ende der Gasse bietet »Metaware Wien« Geschenke für Nerds & Geeks, der Store »Eben 44« führt Fair Fashion only.

Hier zweigt der obere Strich vom Z nach links ab. Ein paar Stufen erhöht liegt das Espresso »Zum schwarzen Flamingo« mit Jukebox und Kartenspielen, Bio-Getränken und regionalen Spirituosen. Einige Schritte weiter führt das Ende der Z-Linie in den Schwendermarkt. Er besteht aus einer sehr kurzen Ladenzeile, die es aber in sich hat. Zu Recht bezeichnet der Marktimbiss »Landkind« sein Frühstück mit Schnittlauchbrot und Ei als »Einser-Menü«. Auf der angrenzenden Mariahilferstraße haben die umtriebigen Geschwister Katharina und Markus Bruns die »Gota Coffee Shop & Roastery« eröffnet mit schönen und nützlichen Dingen rund um Kaffee. Es werden auch Workshops von »Filter Fun« bis »Latte Art« angeboten. Und weil der Bruder die Kaffeehoheit hat, hat die Schwester kurzerhand ein Blumengeschäft integriert, »Coffee & Flowers« (gota.coffee) nennen sie das Konzept. Neben dem Grün- und Blühzeug brauen versierte Baristas fabelhaften Kaffee, und der Bananenkuchen ist ein Traum. Für den Brunch am Wochenende solltet ihr reservieren!

ALTERNATIVE KULTURORTE BESUCHEN

Wien gilt manchmal als ein wenig verschlafen und obrigkeitshörig. Zwei alternative Kulturzentren wurden der Stadtregierung dennoch abgetrotzt.

Nach einer Besetzung 1976 durfte die »Arena« auf einem ehemaligen Schlachthof-Gelände in Sankt Marx bleiben. Sie wird vom autonomen, basisdemokratischen Verein Forum Arena Wien betrieben. Diverse Acts und entspannter Ort, weit draußen, daher keine Probleme mit der Nachbarschaft. An einem lauen Abend in der Grube stehen, Feuerzeuge hochhalten, aus Pfandbechern trinken und mitwippen.

➤ arena.wien, Baumgasse 80, 3. Bezirk

1979 wurde die Freigabe eines Backsteingebäudes an der Währingerstraße 59 für einen autonomen Kulturbetrieb gefordert. Die ehemalige Lokomotiv- und Maschinenfabrik mutierte 1981 zum »WUK« (offene Werkstätten- und Kulturhäuser), wird auch von einem Verein verwaltet und gerade saniert. Vielfältig, efeubewachsen, gemütlich mit Kindertheater, Beisl, Werkstätten, Ateliers, Performance, Musik, Public Viewing und freitags einem Markt.

➤ www.wuk.at, Währingerstraße 59 (9. Bezirk)

PROMIVILLEN SCHAUEN IM COTTAGE

ZEITSPRUNG MIT AUDIOGUIDE

Josef-Kainz-Platz, 18. Bezirk
www.cottageverein.at, mit der App »Hearonymous«
ÖPNV: Station Türkenschanzplatz

Mit der Idee für ein Wohnviertel im Stil englischer Gartenstädte wurde 1872 der Wiener Cottage Verein gegründet – von den Architekten Carl Borkowski, der an 170 Häusern im gleichnamigen Viertel seine Handschrift hinterließ, und von Ringstraßengigant Heinrich von Ferstel. Die niedrigen Ein- bis Zweifamilienhäuser mit Garten waren für Beamte, Lehrer und Offiziere gedacht. Bald ließen sich hier auch Künstlerinnen, Ärzte und erfolgreiche Geschäftsleute mit schönen Villen nieder. Bis heute ist das Viertel eine Wohngegend, verhaltet euch deshalb wie höfliche Paparazzi, wenn ihr es erkundet. Der Wiener Cottage Verein sorgt sich um die Lebensqualität im Viertel und hat eine Tour mit kostenlosem Audioguide erstellt.

Da die Nahversorgung im Nobelviertel dürftig ist, empfehlen wir euch, mit einem Wiener Frühstück in der »Meierei Diglas« im Türkenschanzpark (März bis Dezember) zu starten. Anschließend verlasst ihr den Park beim Ausgang Littrowgasse und beginnt eure Tour beim ehemaligen Sanatorium für Nerven- und Stoffwechselerkrankte, in dem sich u.a. Sigmund Freud, Kemal Atatürk, Adolf Loos und Erich Korngold behandeln ließen. Die beiden einführenden Kapitel des Audioguides könnt ihr dort nachhören.

Die Hearonymous-App lotst euch auf der großen Tour in rund 90 Minuten gemächlicher Gehzeit zu 16 Häusern – von Barock bis Jugendstil, von unscheinbar bis exaltiert – u. a. von Arzt und Autor Arthur Schnitzler (»Liebelei«), »Bambi«-Autor Felix Salten, Johannes Heesters,

1908 · 2019

Peter Alexander (Startreppe), Maler Arik Brauer (eine Führung durch die Kunstsammlung könnt ihr unter leuchtpunkte.at buchen), Sängerin Maria Cebotari, Operettenkomponist Emmerich Kalmàn, Schauspieler Josef Kainz, Dirigent Karl Böhm (Jugendstil) und Bariton Thomas

Hampson. Ebenso eindrucksvoll ist die 25 Meter hohe Silberpappel Ecke Hasenauerstraße/Cottagegasse. Das Naturdenkmal trotzt dem Bau- und Renovierungsboom. Die Neubauten zwischen den Villen stören manchen traditionsbewussten Cottage-Vereinsmeier, aber günstiger Wohnraum in jeder Ecke der Stadt hilft, den sozialen Frieden in Wien zu wahren.

Ihr könnt die Tour die Weimarerstraße hinunter bis zur Haizingergasse verlängern. Auf Nummer 27 wohnte einige Jahre lang der Physiker Ludwig Boltzmann, und Haus 29 mit dem Drachen war die letzte Wiener Adresse von Theodor Herzl, Journalist und Gründer des politischen Zionismus. Was im Guide nur unterschwellig zur Sprache kommt, ist, dass die jüdischen Familien von den Nazis aus dem Cottage-Viertel vertrieben wurden. Viele konnten nur wenige Jahre in ihren schönen Häusern leben. Talent und Tragik, Wohlstand und Not liegen hier nahe beieinander. Stellvertretend für diese Schicksale sei der Schriftsteller Egon Friedell erwähnt: Auf der Flucht vor den SA-Häschern stürzte er sich in der Gentzgasse 7 aus dem Fenster. Wer sich in die Thematik vertiefen möchte, dem sei das Projekt der Akademie der Wissenschaften »Topographie der Shoah in Währing« ans Herz gelegt.

Tipp: Autorin Petra Hartlieb hat mit »Sommer in Wien« einen Roman geschrieben, der um 1910 in der Schnitzler-Villa spielt, auch ihren Bestseller »Meine wundervolle Buchhandlung« bekommt ihr bei »Hartliebs Bücher« in der Währingerstraße 122.

NOTIZEN

LIEBLINGSMENSCHEN UNTERWEGS

WIEN MIT EUGENE ERKUNDEN

SPAZIERGÄNGE MIT EINEM EXIL-LONDONER

whoosh.wien

Klischees zur Stimmung gibt es genug: Die Wienerinnen und Wiener haben wegen allem einen Grant, sie sudern, wenn die Bahn nicht binnen drei Minuten kommt, und motschkern, wenn wieder etwas teurer geworden ist. Was vielen bei der Einschätzung fehlt, ist der Blick von außen. Wer nie woanders gelebt hat, hat einfach keinen Vergleich. Hier kann Eugene Quinn helfen. Und Wien-Gäste natürlich auch. Eugene ist Radiomacher, DJ, aktivistischer Fußgänger, Beobachter, Geschichtenerzähler, agent provocateur und rebellischer Optimist. Er hat etwas gegen das »Sisi and Schnitzel samt Waltzing Chocolate Cake«-Image von Wien, denn es ist ein einziges Missverständnis und macht nicht die Stadt aus, wie sie Bewohnerinnen und Bewohner erleben. Auf seinen Spaziergängen (walks) zeigt Eugene die zeitgenössische Stadt, die internationale, lebenswerte, abseitige und zukunftsgerichtete. Ein klassischer Walk ist »Vienna Ugly«, der am Augarten (2. Bezirk) startet. You cannot miss Eugene, denn er trägt eine orangefarbene Arbeitshose, wie die Männer der Müllabfuhr. Das ist eine der Auflagen, die er von Amts wegen bekommen hat, denn mit der Bürokratie hatte Eugene mehrmals intensiven Kontakt. Schließlich kam man zu der Erkenntnis, dass Strafen und schikanöse Amtshandlungen nicht zu einer modernen Metropole passen – ein paar sehr kritische Medienberichte taten ihr Übriges, um seine Touren trotz fehlender Fremdenführer-Lizenz zu ermöglichen.

Also darf Eugene uns für zweieinhalb Stunden auf die »dark side« von Leopoldstadt (2. Bezirk) und Innerer Stadt (1. Bezirk) entführen: Vom Flakturm zu individuell gestalteten Fassaden, einem missglückten

Kulturzentrum und einem monströsen Ministerium. Besichtigt wird eine Betonrampe, die einen Baum umarmt, graue Bankzentralen, ein

prominentes Medienhaus, ein Ringstraßenhotel und ein sehr berühmtes Denkmal im Stadtpark. Sie alle haben es auf seine ugly-Liste geschafft. Auf Englisch erzählt Eugene in unnachahmlicher und humorvoller Art von hässlichen Entwicklungen in der Stadt und hässlicher Architektur, die nicht mit den Menschen und der Umgebung kommuniziert. Er spricht von Geschichte, Gegenwart und Zukunft. Immer wieder wird in der Gruppe abgestimmt, ob der besprochene Bau richtig hässlich ist oder ob er nicht doch etwas Ästhetisches hat. Auch das Mysterium der grauen Boxen am Straßenrand wird gelüftet. Weil viele Einheimische dabei sind, wird die Tour oft durch weitere Informationen bereichert. Auch den »Smells Like Wien Spirit«-Walk oder den Mitternachts-Spaziergang in einer der sichersten Städte der Welt können wir empfehlen, amüsant ist es immer.

Eugene Quinn leistet mit dem Whoosh-Kollektiv eine besondere Art der Entwicklungshilfe und schafft mit vielfältigen Formaten Begegnungszonen auch mit den migrantischen Wiener Communitys. Weil Small Talk in Wien nicht funktioniert, hat er etwa mit den »Vienna Coffeehouse Conversations« den Big Talk ins Leben gerufen. Im »Café Ministerium« (1. Bezirk) an der Ringstraße sitzen sich Einheimische und Zugereiste mit einer Speisekarte voll Fragen gegenüber, die man vielleicht nicht mal seinem besten Freund beantworten würde. Aber mit Menschen, die man nie wiedersieht, redet es sich oft leichter. Eugene geht es stets ums Vernetzen.

ABC VOM ESSEN UND TRINKEN

»Bröselteppich«: dünnes Wiener Schnitzel

»Eitrige«: Käsekrainer, eine Wurst mit Käse, der bei Erhitzung austritt

»Fluchtachterl«: das sprichwörtlich letzte Achtel Wein, bei dem es nie bleibt

»Gebäck«: keine Kekse, sondern Brötchen aller Art, z. B. Semmel, Salzstangerl, Mohnflesserl, Wachauer

»Gemischter Satz«: Wein aus mehreren Rebsorten, die bereits gemeinsam gepflanzt wurden und gemeinsam vergoren werden

»Lángos«: ungarisches Fladenbrot aus Germteig (Hefe)

»Mehlspeise«: Oberbegriff für Süßspeisen, Gebäck, Kuchen und Torten aus dem reichhaltigen Erbe der jüdisch-böhmisch-bayerischen Küche

»Melange«: französisch für Mischung, in Wien Kaffee mit Milchschaum

»Millirahmstrudel«: süßer Strudel mit Topfenfülle (Quark) in warmer Vanillesauce

»Palatschinken«: dünner Eierkuchen, süß oder salzig gefüllt

»Seidel«: kleines Bier (0,3 Liter)

»Spritzer« oder »G'spritzter«: Weißweinschorle

»Sturm«: in den Spätsommerwochen servierter, bereits gärender Traubensaft

»Tschopperl Wossa«: alkoholfreies Kindergetränk

SCHÖNER BUMMELN IN BOBOSTAN

BOUTIQUEN, DESIGN UND GENUSS IN NEUBAU

7. Bezirk
ÖPNV: Station Neubaugasse/Burggasse

Willkommen im 7. Bezirk aka BoBostan, wo Bourgeoisie und Bohemiens zu leben und genießen wissen. In Shopping-Laune werdet ihr hier fündig. Klein, individuell und bewusst ist das Motto der Geschäfte entlang der Achsen Burggasse, Westbahnstraße, Siebensterngasse und Neustiftgasse sowie der Querstraßen Neubaugasse und Kirchengasse. Ob ihr ein einzigartiges Designerteil sucht, handwerkliche Stücke oder individuelle Kleidung: vor dem Bummel braucht ihr eine Unterlage.

Die schafft das kleine Frühstück im »Café Espresso« (Burggasse 57, espresso-wien.at): zwei Handsemmeln, Marmelade, Orangensaft, weiches Ei und Kaffee bringen euch in Schwung. Julia Zerzer und Markus Nowak haben einen Fixstern im Fifties-Design geschaffen, der zu jeder Tageszeit einen Besuch wert ist. Ihr sitzt am roten Resopaltisch oder einem der bunten Blechtische im Mini-Gastgarten und startet von dort gestärkt ins alternative Einkaufsviertel.

Auf der Burggasse wenige Schritte stadteinwärts wählt Martin Novak die (historischen) Motive für sein Sortiment (Burggasse 51, www.handdruck.com) sorgfältig aus. Tiere, Pflanzen und anatomische Zeichnungen finden sich auf Kunstdrucken und Postkarten wieder – ideal flache, leichte und individuelle Mitbringsel. Oder auf T-Shirts. Im Atelier könnt ihr euch einzigartige Visitenkarten auf der Heidelberger Tiegel Buchdruckmaschine prägen, drucken, stanzen und perforieren lassen.

Einmal rechts ums Eck, die Kirchengasse bergauf und gleich wieder rechts auf die Siebensterngasse führt euch direkt in den Handtaschen-

eigensinnig
eigensinnig

Himmel. Es stellt sich nicht die Frage, ob ihr eine Ina-Kent-Tasche braucht, sondern wie viele. Ihre Modelle funktionieren von All-day bis Nightlife. Ein halbes Leben in der Tasche oder nur das Notwendigste für die Macht der Nacht? Beratet euch sorgfältig mit eurer Begleitung. Der Moonlit-Schimmer auf Leder in Silber, Bronze, Gold oder Kupfer ist jedenfalls ein beneidenswerter Hingucker. Die Taschen kosten, aber sie werden euch auch viele Jahre Freude machen (Siebensterngasse 50, inakent.com).

Die Siebensterngasse heißt nach einem kleinen Knick stadtauswärts Westbahnstraße und hier findet ihr grundsolide Begleiter für die Küchenwelt. Hochwertige Mühlen für Kaffee, Chili oder Pfeffer sind Anschaffungen fürs Leben und Wau-Wau (Westbahnstraße 7, wauwau.at) macht sie in hoher Qualität und großer Holzvielfalt.

Wieder ein Stück retour an der Kreuzung zur Neubaugasse beginnt der Boulevard der Bekleidung. Lisa Lang bietet in der Boutique Lila (Westbahnstraße 3, lila.cx) bequeme und einzigartige Klamotten, die nicht nur im riesigen Spiegel mit Goldrahmen des Verkaufsraums gut aussehen. Die Hutmanufaktur Mühlbauer aus 1903 ist heute auf den Laufstegen der Welt präsent. Eure stilvolle Kopfbedeckung könnt ihr euch in der Zweigstelle in Neubau (Neubaugasse 47, www.muehlbauer.at) checken. Wenn ihr das viele Pflastertreten schon bemerkt, findet ihr hübsche UND bequeme Schuhe bei Schuhe für Frauen (Neubaugasse 44, schuhefuerfrauen.at).

In dem Grätzel entstehen ständig neue Shops und Konzepte. Der Führer für Fashion, Art & Design »Guided Vienna« (guided-vienna.com) wird euch helfen weitere zu entdecken.

VON MÄRKTEN NICHT GENUG KRIEGEN

➼ Meidlinger Markt, 12. Bezirk
Kaffee im »Ignaz & Rosalia« mit Kuchen von »Hüftgold«, Croissants und Kräutertee bei »La Crèmerie« in der Niederhofstraße 17, Wiener Küche bei Heidi Neuländtner-Ratzinger (»Wirtschaft am Markt«). Spezialitäten kaufen oder etwas Warmes essen bei »Heu und Gabel«.

➼ Markt in der Lange Gasse, 8. Bezirk
Samstags tratschen und trinken: italienische Spezereien bei »Ciao Contessa«, Käse vom »Jumi«, »Prem«-Frischkaffee, sonst ins »Café Namenlos«.

➼ Karmelitermarkt, 2. Bezirk
Standler und Marktfrauen scherzen mit Stammkundinnen und Spezis, man kennt sich. Es gibt einfach alles: Pferdefleischer Koglbauer und Imbiss Alfons treffen auf Biogemüse vom »Krautwerk«, 5 Elemente vegetarisch (»Zimmer 37«), Burger & Bowl.

➼ Johann-Nepomuk-Vogl-Markt, 18. Bezirk
Wiederbelebter Grätzelmarkt, Tischtennis auf der Mini-Piazza. Schmausen im »nest«, in der »Markthummel« nach frischen Lángos fragen mit Sauerrahm/Käse oder Zimtzucker/Powidl. Nebenan verkauft Mimo aus Genua italienisches Lebensgefühl bei »Belli«.

WIENER GESCHICHTE IM WASCHSALON SPÜREN

MUSEUM DES »ROTEN WIEN«

Waschsalon 2, Halteraugasse 7, 19. Bezirk
dasrotewien.at
ÖPNV: Station Heiligenstadt

Vielleicht braucht ihr nur zwei Dinge verstehen, um Charakter und Gesicht des heutigen Wiens zu begreifen: zum einen den Weltschmerz der ehemaligen Residenzstadt des untergegangenen Habsburger-Kaiserreichs. Zum anderen die intensive Prägung durch das »Rote Wien«. »Ein Haufen unzufriedener Menschen ist noch keine Partei«, sprach Gründer Viktor Adler. Die sozialistische Partei (seit 1991 Sozialdemokratische Partei) entstand aus der Arbeiterbewegung zunächst mit Gewerkschaft, Bildungsverein und Consum-Verein. In wenigen Jahren wurden in Wien weitere Ideen und Strukturen realisiert, die immer mehr Lebensbereiche erfassten. Von einigen profitieren wir noch (sozialer Wohnbau, Müllabfuhr, Frauenwahlrecht, kommunale Kinderbetreuung, Bäder oder Bibliotheken). Andere Ideen zu Fürsorge, Hygiene und Freizeitgestaltung würden heute an individuelle Grenzen stoßen.

Das Museum der Geschichte des Roten Wien (ab 1848 bis 1945) ist im Karl-Marx-Hof (19. Bezirk), dem bekanntesten Gemeindebau der Stadt untergebracht. Brausebäder und Waschsalons waren ab 1923 in den »Volkswohnpalästen« Standard und bedeuteten für viele Menschen ein besseres Leben. Das Museum ist auch im Vergleich mit anderen europäischen Städten interessant. Nach dem Besuch werdet ihr die Internationale vermutlich mitsummen können. Mit dem QR-Code am Eingang könnt ihr danach den »Ersten Wiener Protestwanderweg« (www.protestwanderweg.at) besuchen, der auch zum Schauplatz der Februarkämpfe 1934 im Karl-Marx-Hof führt.

ARBEITERHEIM
VIVE LA COMMUNE
PARIS 1871
Die erste „Diktatur des Proletariats"
DE SALUT PUBLIC
LE VENGEUR
PATRIE EN DANGER

JÜDISCHES WIEN EINST UND JETZT ERLEBEN

GESCHICHTE, GEDENKEN, FESTE

Unter anderem:
Jüdisches Museum, Judenplatz 8, 1. Bezirk
jmw.at

Wien erinnert sich gerne an die glanzvolle Zeit der Jahrhundertwende. Jüdische Intellektuelle, Wohltäterinnen, Kulturschaffende und Wirtschaftstreibende gestalteten damals das geistige, kulturelle und wirtschaftliche Leben und die Entwicklung zur Metropole mit. Ohne sie wäre auch die repräsentative Ringstraße niemals errichtet worden. Ebendort, vor der Station Schottentor (1. Bezirk), steht das »Palais Ephrussi«, bekannt als Schauplatz des Romans »Der Hase mit den Bernsteinaugen«. Von dort einige Stationen mit dem D-Wagen stadtauswärts könnt ihr einen Blick auf den ältesten jüdischen Friedhof (genutzt 1540 bis 1783) in der Seegasse 9 (9. Bezirk) werfen. Wochentags zwischen 8 und 15 Uhr ist er durch das Altersheim Rossau erreichbar.

Schon vor rund 900 Jahren gab es eine Wiener jüdische Gemeinde, und für das Jahr 1420/21 ist ein Pogrom dokumentiert, das im »Jüdischen Museum« am Judenplatz (1. Bezirk) erklärt wird. Die Fundamente der damals zerstörten gotischen Synagoge wurden erst bei den Bauarbeiten für das von Rachel Whiteread gestaltete Mahnmal gefunden. Der ganze Platz, umgeben von historischen Gebäuden, ist einen Besuch wert.

An den Holocaust erinnern das Mahnmal gegen Krieg und Faschismus vor der Albertina (1. Bezirk) und die Ende 2021 eingeweihten Shoah-Namensmauern im Ostarrichipark (9. Bezirk). Zu Wien als Tatort von NS-Verbrechen – von der Erprobung tödlicher Bürokratie für das Dritte Reich über KZ-Außenstellen bis zu grausamen

Menschenexperimenten – werden im »Wien Museum« (1. Bezirk) gerade neue Erinnerungs-Räume gestaltet. »Steine des Gedenkens« (www.steinedesgedenkens.at) für Deportierte und Ermordete sind in der ganzen Stadt in die Gehsteige eingelassen. Die von Lukas Maria Kaufmann geschaffenen »Lichtzeichen« kennzeichnen die Standorte von 25 zerstörten Synagogen (www.lichtzeichen.wien). Die Israelitische Kultusgemeinde Wien bietet Führungen durch die einzige noch erhaltene historische Synagoge, genannt Stadttempel, in der Seitenstettengasse (1. Bezirk) an. Um die Ecke führt Dorothy Singer ihren Cafe Book Shop am Rabensteig 3 (1. Bezirk, www.rabensteig3.com), der mit dem Jewish Info Point Vienna als kultureller Treffpunkt dient.

Freudvolle Möglichkeiten, am jüdischen Leben heute teilzuhaben, gehen durch den Magen. Wien ist froh über eine Reihe israelischer Lokale wie »Miznon«, »Alef alef«, »Neni«, »Shefa«, »Seven North«, »Florentin«, »Bahur Tov«, denn Gemüse, schmackhaft zubereitet, hat der Schnitzel-Stadt gefehlt wie ein Bissen Brot. Koschere Fleischgerichte isst man im »Mea Shearim«.

Schleckermäulchen probieren die ausgezeichneten Topfengolatschen in der koscheren Bäckerei Ohel in der Lilienbrunngasse (2. Bezirk), wo man freitags auch die traditionellen Zöpfe für Shabbat, Challot, bekommt. In der Dorotheergasse (1. Bezirk) ist der zweite Standort des »Jüdischen Museum« im Palais Eskeles. Die IKG organisiert wiederkehrende Feste wie das Entzünden der Chanukka-Kerzen am Stephansplatz oder das Festival der jüdischen Kultur (beide am Jahresende). Auch das Jüdische Straßenfest, das »KlezMore Vienna«-Festival (klezmore-vienna.at) und das Jüdische Filmfestival (www.jfw.at, immer im Frühjahr und Herbst) sind Möglichkeiten, mit jüdischer Lebensart und -freude in Berührung zu kommen.

UNTERWEGS IN WIEN

➔ www.wienerlinien.at

Die Wiener Linien bringen euch überallhin in der Lieblingsstadt, und die »WienMobil«-App sagt euch, wie. Ihr könnt dort per Kreditkarte Tickets kaufen und bekommt die Routen minutengenau angezeigt – auf Wunsch nur die schnellste, mit wenig Umsteigen oder für Gehbehinderte. Einfach Startort und gewünschtes Ziel eingeben. Garantiert nie verloren seid ihr mit der Standortbestimmung. Die U-Bahnen fahren übrigens vor Samstagen, Sonn- und Feiertagen die ganze Nacht durch.

➔ www.wienzufuss.at

Wien ist bekannt für seine Gemütlichkeit. Wer geht, sieht mehr Details. Mit der »Wien zu Fuß«-App könnt ihr die vielen Passagen der Stadt erkunden, die nur zu Fuß gequert werden dürfen. Kein Durchhaus in Wien wird mehr vor euch sicher sein.

➔ www.fahrradwien.at

Wer in Wien mit dem Rad von A nach B möchte, kann den Routenplaner oder die Radkarte der Mobilitätsagentur benutzen. Die Seite versammelt Tipps und Touren, die Standorte der Wiener Luftpumpen und jeweils aktuelle Baustellen und Radweg-Sperren.

STADTENTWICKLUNG BEOBACHTEN

IM LABOR DER SEESTADT WIEN

22. Bezirk
austriaguidesforfuture.at/tour/seestadt
ÖPNV: Station Aspern Seestadt

Wenn ihr das historische Wien schon ein wenig kennt, empfehlen wir euch einen Ausflug in die Seestadt Aspern (22. Bezirk). In einem beständigen Baukräne-Ballett wächst seit 2011 rund um den namensgebenden See auf einem ehemaligen Flugfeld eines der größten Stadtentwicklungsprojekte Europas in die Höhe. Bis 2030 soll auf einem Gelände von der Größe der Wiener Innenstadt ein ressourcenschonendes Stadtviertel der kurzen Wege für 20.000 Menschen entstehen. Die »Austria Guides for Future« nehmen euch mit durch die »Terra Incognita« und zeigen, was man auf den ersten Blick nicht sieht: technologische Innovationen, klimafreundliche Maßnahmen und Einblicke in den Laborbetrieb für mehr Lebensqualität.

Für Architekturinteressierte und Stadtplanungsaffine ist die Seestadt Pflicht, für alle anderen ein Gruß aus der Zukunft. Hier trägt beinahe jedes Haus einen Namen, und sämtliche Straßen und Plätze sind bemerkenswerten Frauen gewidmet. Janis Joplin wäre sicher überrascht, dass eine Promenade in Wien ihren Namen trägt. Arbeiten, Freizeit, Einkaufen, Bildung, Natur, Sport und Kultur für alle, ob jung oder alt, sollen hier möglich werden. Zur Einstimmung empfehlen wir, einen Kaffee im Bikeshop »United in Cycling« zu trinken und zum Abschluss ein hausgemachtes »Eis am Schwedenplatz« zu schlecken.

Tipp: Zwei weitere Formate ermöglichen euch, hinter die Kulissen interessanter Gebäude zu blicken. Das »Open-House«-Wochenende (openhouse-wien.at) und der »Tag des Denkmals« (tagdesdenkmals.at) werden beide im September durchgeführt. Auch Privatpersonen öffnen hier ihre Türen und lassen das Publikum in sonst nicht für die Öffentlichkeit erreichbare Räume.

DIE LINIE 71 NEHMEN

DER TOD IST EIN WIENER

St. Marxer Friedhof, Lebergasse 6-8, 3. Bezirk
Zentralfriedhof 2. Tor, Simmeringer Hauptstraße 234 (11. Bezirk)

Wien wird ja gerne der Hang zum Morbiden attestiert, und so gibt es hier zahllose Ausdrücke fürs Sterben. Man sagt etwa »die Linie 71 nehmen«, denn diese Straßenbahnlinie führt zum Wiener Zentralfriedhof. Die Dichte der Ehrengräber – hier ruhen Beethoven, Udo Jürgens und Falco, um nur einige zu nennen –, das Naturerlebnis, die konfessionelle Breite und schiere Größe der Totenstadt lohnen einen Besuch. Wir empfehlen euch aber, bereits beim letzten Biedermaier-Friedhof der Welt in St. Marx auszusteigen.

Er liegt in einer verkehrsumtosten Ecke, eingezwängt zwischen Schienen und Autobahnbrücke, wie eine verwunschene Zeitkapsel und wurde zwischen 1784 und 1874 als Ortsfriedhof genutzt. Die Grabsteine erzählen ganze Lebensgeschichten: Wer betrauert hier seine Toten, wie schieden die Menschen aus dem Leben, in welchem Alter, aus welchem Beruf und mit welchen Lebensleistungen?

Auf der Tafel beim Eingang sind die Gräber nach Berufsgruppen aufgelistet, falls ihr gezielt den Erfinder der Nähmaschine (Joseph Madersperger) aufsuchen wollt oder die Wiener Weltenbummlerin Ida Pfeiffer. Auch Wolfgang Amadeus Mozart wurde hier 1791 in einem einfachen Schachtgrab bestattet. Heute liegt auch er am Zentralfriedhof.

St. Marx ist Spiegel des Vielvölkerstaats und der hohen Kindersterblichkeit, ein Platz für trauernde Engel und üppigen Efeu. Zur Fliederblüte im Frühjahr kommen viele; sonst genießt ihr das Ambiente vermutlich allein.

Tipp: Im »The Oak Pub« gegenüber der Station Rennweg wird frisch gekocht. Wenn ihr durchgefroren seid, kommen euch die Feuerstelle und sonntags der Irish Sunday Roast sicher gelegen.

Johann Bauer,
Johann Bauer.

SCHÖNE SACHEN EINPACKEN

IN DER OTTO-BAUER-GASSE FLANIEREN

6. Bezirk
ÖPNV: Station Zieglergasse

Die Otto-Bauer-Gasse, eine der jüngsten Fußgängerzonen in Wien, vereint die ideale Abfolge von Geschäften für einen Städtetrip. Allerdings erst in der zweiten Wochenhälfte. Der Bäcker »L'Amour du Pain« (lamourdupain.vienne) macht es euch schwer weiterzukommen, weil das Mandelcroissant zum Café au lait nach mehr schreit. Sobald ihr euch losgeeist habt, bleibt ihr gleich wieder am Schaufenster des Concept Store »Répertoire« (www.repertoire.at) hängen, der stets eine eigene Wien-Auslage gestaltet. Die Sachen sind schön, gut gestaltet, weltfrauisch und verspielt. Mitbringsel findet ihr hier mehr als genug.

Noch ein paar Schritte weiter ist der schöne Unverpackt-Greißler »Lieber ohne«, wo ihr euch Snacks in mitgebrachte Behältnisse abfüllen oder ein Zero-Waste-Mittagsmenü genießen könnt. Gleich gegenüber liegt das Taschengeschäft »Packpony« (packpony.bigcartel.com). Wenn ihr bereit seid euch einzugestehen, dass Rucksäcke einfach die beste Möglichkeit sind, urbane Lasten gleichmäßig und rückenschonend zu verteilen, berät euch Stefanie Plattner gerne. Die Packpony-Inhaberin führt lauter europäische Independent Label und hat die Rucksack-Modelle übersichtlich an den Wänden aufgehängt, von businesslike-chic über Freizeit bis wunderbar wandelbar, in allen Farben des Regenbogens. Aus Leder, Canvas, Zeltstoff, nicht nur für Bergwanderer und Fahrradbotinnen.

Wenn ihr vorher noch nicht zugeschlagen habt, wäre jetzt Platz im Magen, um ins »Café Jelinek« einzukehren oder gegenüber im Restaurant »Steman« zu speisen. Beide haben zu Recht viele Fans.

wunderbar
wunderbar

NUR NICHT AUFFALLEN

Lieber nicht

- raumgreifend und laut sprechen: Die ewige Angst Österreichs vor der Kolonialisierung durch das viel größere Nachbarland bricht sich hier Bahn, wobei die Wiener Jugend inzwischen vorwiegend YouTube-gefärbtes Deutsch spricht und so etwa aus dem österreichischen »gschmackig« das deutsche »lecker« wurde.
- versuchen, Wienerisch zu sprechen: Das kann nur schiefgehen.
- über Fußball reden: Das führt sofort zu Komplexen. Es wird dann unweigerlich ein Match in Cordoba (Argentinien) von 1978 ins Treffen geführt, bei dem Österreich gegen Deutschland gewonnen hat, woran sich in Deutschland aber seltsamerweise niemand erinnern kann.
- einfach nur einen Kaffee bestellen oder um eine Tüte bitten – das heißt Kaffeeeeh und Sackerl.
- direkt zum Punkt kommen: Erst nach ein paar G'spritzten oder Seideln können sich Österreicher und Deutsche mit einem Umweg über Gott und die Welt der Sache annähern, um die es eigentlich geht oder die man bereden will.

MIT DEM LIEBLINGSMENSCHEN

Miteinander entspannen

DO THE LOCOMOTION WITH ME

UNTERWEGS IM GRÜNEN PRATER

2. Bezirk
ÖPNV: Station Praterstern

Ein Hoch auf Joseph II., der 1766 den Prater auch für Menschen ohne blaues Blut zugänglich machte. Die sechs Quadratkilometer Naherholungsgebiet könnt ihr euch auf verschiedene Arten erschließen: schlendernd, radelnd oder mit der Liliputbahn, nur jedenfalls gemütlich. Der Begriff des Lustwandelns ist leider aus der Mode gekommen, aber genau dazu ist hier Gelegenheit. Das ehemalige kaiserliche Jagdgebiet, bereits 1162 urkundlich als pratum (lat. für Wiese) erwähnt, hat sowohl »dschungelige« als auch »frisierte« Ecken – und genau das macht seinen Reiz aus. Der Wurstelprater, der als Ganzjahres-Kirmes einen Besuch lohnt, nimmt nur einen kleinen Teil ein.

Die ehemalige Flussinsel der Donau ist schön flach. Orientierung bietet die bereits 1538 angelegte Prater-Hauptallee, die auf 4,5 Kilometern den Praterstern mit dem Lusthaus verbindet. Wenn ihr die kastaniengesäumte Gerade gefunden habt, geht ihr bis zum Radverleih (radverleih-hochschaubahn.com) bei der »Zwergerlbahn«, einer alten Hochschaubahn aus Holz, auf der linken Seite. Ob ihr dort gleich eine Runde dreht oder erst bei der Rückgabe eures Rads, bleibt euch überlassen. Die Bahn ist jedenfalls allerliebst und auch für schwache Nerven geeignet. Und wie kommt man sonst in so kurzer Zeit von Wien nach Heiligenblut am Großglockner?

Hier könnt ihr euch eine Rikscha für zwei oder ein Tandem ausborgen. Gemeinsam strampelnd erreicht ihr in einer guten halben Stunde das denkmalgeschützte Lusthaus (lusthaus-wien.at) am anderen Ende der Hauptallee. Der achteckige Pavillon diente als Jagdschlösschen. Im

Café-Restaurant könnt ihr euren Durst mit einem der köstlichen »Wetter«-Fruchtsäfte löschen oder im imperialen Ambiente speisen. Wenn ihr selbst Verpflegung dabeihabt, macht es euch einfach auf der Wiese hinter dem Pavillon gemütlich. Am Lusthauswasser wird es niemanden stören, wenn ihr die Füße ins Wasser steckt. Wenn ihr lange genug bleibt, gibt es vielleicht ein Gratis-Froschkonzert dazu.

Falls ihr zu Fuß unterwegs seid, könnt ihr einen Teil der Hauptallee mit der Liliputbahn (www.liliswelt.at) zurücklegen. Die bunten offenen Waggons werden von einer mit Kohle befeuerten Dampflok gezogen. Sie schafft ihre Vier-Kilometer-Runde in 20 Minuten, und einige Streckenabschnitte führen durch dschungelartige Waldstücke. Zusteigen geht an den Stationen Prater-stern, Restaurant »Schweizerhaus« (für Fleischtiger und Bierliebhaberinnen), Rotunde oder Stadion. Das nahe gelegene Stadionbad ist eine gute Adresse für eine Abkühlung nach dem Spaziergang. Wenn ihr schon vorher genug Frischluft getankt habt, steigt ihr bei der Rotunde in die Straßenbahnlinie 1, die euch zurück ins Stadtzentrum bringt.

An der Hauptallee gibt es etliche Möglichkeiten zu rasten oder sich zu laben. Bei überbordender Wanderlust wendet ihr euch vom Lusthauswasser noch in Richtung Donau und quert auf dem Stadtwanderweg 9 den Grünhaufen. An der Hafenzufahrtsstraße stadtauswärts taucht nach einem Schiffmuseum auch noch eine buddhistische Friedenspagode auf. Sie lässt um sich herum jenes reine Land entstehen, in welchem die Menschen in Frieden und Freude miteinander leben können. Das solltet ihr nicht verpassen.

SOMMERKINO LIEBEN

Lieber neue Filme oder Klassiker, die ihr noch nicht kennt? In Wien bestechen die Sommerkinos durch schöne Plätze und gute Verpflegung. Die Sterne gehen auf, der Spritzwein ist kalt, Gelsenspray, ein Jackerl und los geht's.

➤➤ Big Bang: Das Filmfestival am Rathausplatz zeigt Musikproduktionen von Klassik bis Pop. Riesenleinwand, Platz für alle, kostenlos und Gastro galore.
filmfestival-rathausplatz.at

➤➤ Reisen durch die Filmgeschichte: »Kino wie noch nie« führt das Filmarchiv Austria in einer charmanten Oase am Augartenspitz vor. Kinoklassiker, Raritäten, Previews und Premieren – manchmal sogar mit den Filmschaffenden.
www.filmarchiv.at

➤➤ Ungewöhnlich: Das »Volxkino« tourt durch Parks, Gemeindebauten und Plätze, im Zentrum, am Gürtel oder am Stadtrand. Auch ein Hit: Stummfilme mit Musikbegleitung auf dem Columbusplatz (10. Bezirk) oder Science-Fiction im Bruno-Kreisky-Park (5. Bezirk). Freier Eintritt und Service-Hotline, bei der ihr ab 18 Uhr erfahrt, ob die aktuelle Veranstaltung stattfinden kann.
www.volxkino.at

MIT LIPIZZANERN ENTSPANNEN

WEISSE HENGSTE IM BURGGARTEN

Michaelerplatz 1, 1. Bezirk
www.srs.at
ÖPNV: Station Albertina oder Burgring

Die Spanische Hofreitschule pflegt seit 1735 die hohe Kunst der Dressur von Lipizzanern mit Sprüngen und Figuren. Wer die edlen Rösser entspannter sehen möchte, kann das im Burggarten tun. Während der Sommerpause im Juli dürfen die Hengste morgens bei Schönwetter zum Grasen und Entspannen auf eigens eingerichtete Koppeln. Eine versteckte Passage durch die Eingeweide der Hofburg führt für sie von den Stallungen direkt in den Park. Sie ziehen am ehemaligen Palmenhaus vorbei, in dem heute neben einem Schmetterlingshaus (www.schmetterlingshaus.at) auch eine »Brasserie« untergebracht ist (www.palmenhaus.at). Dann grasen – wie in einem kitschigen Traum – frühmorgens weiße Pferde auf einer Wiese, umstanden von alten Bäumen. Begleitet werden sie von ihren Bereiterinnen und Bereitern in Uniform, die immer ein Leckerli für sie in der Hosentasche haben.

Wenn die Lipizzaner wieder zum Training müssen, wird der Burggarten zum idealen Ort für ein Picknick. Mitten im Zentrum, angenehm frisch, vor imperialer Kulisse. Was heute so relaxed wirkt, wurde vor rund 40 Jahren erstritten: sich einfach so in den gepflegten Rasen setzen zu dürfen anstatt vor einem »Betreten verboten«-Schild zu stehen. Mit der Decke unter dem Arm wählt ihr euren Lieblingsbaum und genießt die Zeit. Die Brasserie im Palmenhaus hat ab 10 Uhr Coffee to go und Mehlspeisen. Und der »Bitzinger« Würstelstand beim Ausgang zur Albertina (mit dem Hasen auf dem Dach) führt neben Käsekrainern auch gekühlten Moët & Chandon zum Anstoßen. Die Hinterlassenschaften der Pferde werden von ihrem Begleittrupp gewissenhaft eingesammelt, das machen wir auch, okay?

MIT AMALIE RELAXEN

SAUNIEREN IM BADETEMPEL DER ARBEITERKLASSE

»Amalienbad«, Reumannplatz 23, 10. Bezirk
www.wien.gv.at/freizeit
ÖPVN: Reumannplatz

Schon die alten Römer in »Vindobona« (Legionslager ab 100 nach Christus) schätzten Bäder als kulturelle Orte des Austausches und der Entspannung – warum solltet ihr euch das nicht auch gönnen? Als 1926 im Arbeiterbezirk Favoriten das prachtvolle Amalienbad eröffnet wurde, war der gesellschaftliche Umbruch zu einem sozialdemokratischen Wien im vollen Gange. Nach dem Tod des Initiators Jakob Reumann stellte sein Nachfolger, Bürgermeister Karl Seitz, das monumentale Bauprojekt in nur drei Jahren fertig. Es galt in dieser hitzigen und politisch schwierigen Zeit als »Symbol des Aufstiegs der Arbeiterklasse zu neuer Kultur«.

Heute geht es nur noch im Saunabereich heiß her. Schwimmt zunächst (außer montags) ein paar Längen im Sportbecken (33,3 Meter) der einstmals »größten und modernsten Badeanstalt Europas«. Das Wasser, zwei Millionen Liter, wird mit Hilfe modernster Technik, die auch Energiekosten in Millionenhöhe einsparen hilft, innerhalb von drei Stunden komplett umgewälzt und gereinigt. Die Qualität ist deshalb top.

Danach könnt ihr zwischen mehreren finnischen Saunas, Biosauna, Dampfkammer und – nur auf der Frauenseite – einer Infrarotkabine wählen. Zwischen den Saunagängen kühlt euch bei 13 Grad im Kaltwasserbecken ab und lasst euch im Whirlpool entspannt von den Düsen massieren. Ein besonderes Juwel ist das frisch renovierte große Warmwasserbecken, fehlende historische Fliesen wurden eigens dafür nachgebrannt. Es gibt für Frauen und Männer sowohl getrennte als auch gemischte Saunazeiten. Am besten erkundigt ihr euch auf der Homepage oder telefonisch über die aktuellen Öffnungszeiten.

AUF DEM SCHLOSSTEICH CRUISEN

BOOTSTOUR IN LAXENBURG

Schlosspark Laxenburg, Schloßpl. 1, 2361 Laxenburg
www.schloss-laxenburg.at
ÖPNV: Station Franz-Joseph-Platz

Regieren muss ungeheuer anstrengend sein. Nur so ist zu erklären, dass die Residenzstadt Wien von Sommersitzen der Habsburger umringt ist, die damals den Regierenden und heute euch Entspannung bieten. Die Anlage rund um das Schloss Laxenburg besticht mit Gartenkunst und einer hemmungslosen Mischung von Gebäudestilen und historischen Referenzen. Die Bootsfahrt um die Franzensfeste ist besonders reizvoll, das grüne Wasser wird gesäumt von alten Bäumen. Unter der Woche ist nicht viel los, und ihr könnt recht allein durch den 25 Hektar großen Teich cruisen. Im Ruderboot, begleitet vom sanften Summen eines Elektromotors, im Tretboot oder einer Kuschel-Muschel – wie es beliebt. Während einer die Kaution hinterlegt, organisiert der andere beim Teichbuffet gekühlte Getränke und Snacks.

Die Franzensfeste in der Mitte sieht dem Disneyschloss sehr ähnlich. Ihr umrundet sie in einer guten halben Stunde. Eine große Teichrunde um alle Inseln unter allen Brücken durch dauert eine Stunde. Ihr könnt ein Päuschen auf dem Wasser machen, aber an Land gehen oder baden dürft ihr nicht. Abgerechnet wird die Bootsfahrt bei der Rückgabe (Achtung: Im gesamten Park ist nur Barzahlung möglich).

In dem weitläufigen Landschaftsgarten findet ihr auch beim Wasserfall und dem Turnierplatz schöne Plätzchen. Wir empfehlen die Anreise mit dem Bus, denn der alte Kaiserbahnhof ist heute nur noch ein Restaurant. Der neue Bahnhof ist weit weg vom Schloss.

Tipp: Vor der Abreise im »Eissalon Castelletto« einkehren.

TRATSCHEND IN DER DONAU TREIBEN

STROMBAD KRITZENDORF

Badstraße, 3420 Kritzendorf
klosterneuburg.at/de/Strombad_Kritzendorf
ÖPNV: Station Bahnhof Kritzendorf

Wenn in Wien im August der Asphalt glüht, es auch nachts kaum abkühlt, sich kein Lüftchen regt, alle auf der Schattenseite schleichen und sich am liebsten gar nicht mehr bewegen wollen, fangen die Hundstage an. Ambitionierte besuchen an so einem Tag klimatisierte Museen oder kühle Kirchen, allen anderen hilft die Stadtflucht. Erfrischung garantiert das Strombad Kritzendorf, wenige Kilometer vor der Stadt. Mit der Schnellbahn, in der ihr auch ein Fahrrad mitnehmen könnt, ist das kostenlos benutzbare Bad in gut 20 Minuten vom zentral gelegenen Franz-Josefs-Bahnhof erreichbar.

Vom Bahnhof quert ihr die Brücke Richtung Auwald. Die schnurgerade Bahnstraße führt zum Rondeau und dem charakteristischen, etwas pompösen Portal. Das Rondeau aus rotem Holz ist das soziale und kulinarische Zentrum der sogenannten Strombadsiedlung, einer Ansammlung von einfachen Kabanen, Kleingartenträumen, aber auch Mini-Villen auf Stelzen. Am Kiosk gibt es hier alles, was ihr für einen Badetag braucht.

Hinter dem Kiosk befinden sich kostenlos benutzbare WC-Anlagen, das ist an einem langen Badetag jedenfalls gut zu wissen. Auf der Suche nach Abkühlung schreitet ihr zunächst weiter, unter dem Portal durch, an der Infosäule und der großen Weide vorbei in Richtung Fluss. Die Böschung hinunter, Hand in Hand vorsichtig über den Strand mit großen Flusskieseln und in die erfrischenden Fluten. Gebadet wird seit 1903 direkt in der Donau. Sie bleibt auch am heißesten Tag des Som-

KRITZENDORF

mers angenehm kühl – und sie strömt. Je weiter Richtung Flussmitte, desto stärker. Wer nicht gegen den Strom anschwimmt, würde von ihm in Richtung Wien getragen. Doch wenige Meter vom Ufer ist das auch für Untrainierte zu schaffen, und wer die Füße am Boden lässt, ist auf der sicheren Seite.

Der Modus Vivendi von Kritzendorf ist, sich treiben zu lassen. Dazu schlendert ihr in Badelatschen stromaufwärts. Wo die Siedlung ausläuft, fängt der Auwald an, eine kleine Karibik mit Sandstrand. Ein verschwiegenes Plätzchen findet sich immer, auch für eine Hängematte ist Platz. Dann watet ihr tapfer ins kühle Wasser, haltet eure Badeschuhe fest und lasst euch plaudernd einige Meter vom Ufer entfernt bis zur gewünschten Ausstiegsstelle zurücktreiben.

Mit Blick aufs Wasser lässt sich meditieren oder philosophieren. Schubverbände und Kreuzfahrtschiffe ziehen vorbei und erzeugen eine kleine Brandung. Ruderboote gleiten stromaufwärts, Motorboote ziehen Wasserski- und Wakesurf-Begeisterte. Wer Lust auf eine Bootsfahrt bekommt, kann sich im Rondeau bei »Easy Kanu« eines ausborgen. Auf der großen Wiese vor dem Portal hat das »Donau Restaurant & Grill« einen Gastgarten und mit etwas Glück ein Sommerkonzert. Noch mehr kulturelles und kulinarisches Programm, aufgeführt in privaten Gärten sowie auf der Wiese vor dem Portal, bietet im Juli das Festival »Krido Open«.

Wenn ihr ein Rad dabeihabt, könnt ihr in den Abendstunden immer am Fluss entlang zurückradeln. Eher am Beginn der Route lohnt ein Stopp beim »Uferhaus« an der Rollfähre (www.donaurollfaehre.at). Dort beobachtet ihr im Liegestuhl mit einem kühlen Getränk das beschauliche Hin und Her der Fahrgäste oder wagt selbst eine Überfuhr, bevor euch die heiße Stadtluft wieder in Empfang nimmt.

WAS ES NUR IN WIEN GIBT

- Ampelpärchen: Verliebte Frauen und Männer wurden 2015 anlässlich des Eurovision Song Contest und des Life Ball als Zeichen für Toleranz montiert. Seither gehen oder warten an manchen Kreuzungen nicht nur Einzelpersonen, sondern Paare aller Art.
- Birds und Bats: Die Vogelschutzorganisation Birdlife nennt Wien die »Spechthauptstadt Europas« mit neun von zehn europäischen Arten. In der Dämmerung übernehmen dann 22 der 28 in Österreich lebenden Fledermausarten den Himmel über Wien.
- Wind, Würfeluhren und Waagen: (Gegen-)Wind und die Uhrzeit (in fünf Metern Höhe) gibt es in Wien kostenlos. Wenn ihr euch schnell mal wiegen wollt, werft einfach 20 Cent in eine der roten Berkel-Personenwaagen auf der Straße.
- »Das geht sich aus« – sowohl zeitlich als auch räumlich – ist eine enorm praktische Redewendung. Das universellste Wiener Wort ist »Oida«! Ewa Placzyńska zeigt euch auf YouTube wieso.
- Bezirkshonig: Fleißige Bienen erzeugen in ganz Wien Honig. Bezugsquellen: wiener-bezirksimkerei.at/geschaefte

SORGENFREI IM SPA ENTSPANNEN

DAY SPA IM HOTEL SANS SOUCI

Burggasse 2, 7. Bezirk
spa@sanssouci-wien.com
ÖPNV: Station Volkstheater

Vielleicht habt ihr Lust, euch zwischendurch einige sorglose Stunden im Hotel Sans Souci zu gönnen. Im Foyer biegt ihr kurz vor der Rezeption links ab, geht ein paar Stufen hinunter und schon steht ihr vor dem Day-Spa. Flieder, Holz und gedämpftes Licht nehmen euch in Empfang. Der Wellnessbereich des zentral gelegenen Hotels steht auch externen Gästen zur Verfügung und bietet Erholung für die vom Straßenpflaster platt gelaufenen Füße – täglich von 10 bis 22 Uhr. Wochentags sollte es kein Problem sein, zwei oder vier Stunden Entspannung zu buchen, etwas mehr Vorlauf braucht es, wenn ihr zusätzlich eine Kosmetikbehandlung oder Massage wollt.

450 Quadratmeter mit Bio-Sauna (60 Grad), Sauna (90 Grad), Dampfbad, Trinkbrunnen, Indoor-Sonnenwiese und Ruheraum erwarten euch. Umkleideräume mit Garderobenschrank und Safe, Bademantel, Slipper, Hand- und Badetücher sowie Badekosmetik von Vinoble werden gestellt, ihr müsst nur noch die Hüllen fallen lassen und könnt bei Vogelgezwitscher entspannen.

In entsprechender Bekleidung könnt ihr den – räumlich getrennten – Fitnessraum mit Kardio- und Kinesisgeräten, Sprossenwand und Freihanteln benutzen. Oder in den 27 Grad warmen Pool abtauchen. Hier sind Kinder zwischen vier und zwölf Jahren in Begleitung erlaubt. Der Saunabereich darf erst ab 16 benutzt werden.

Tipp: Individuelle Massagen könnt ihr auch ein paar Schritte weiter bei der »Stressdeponie« in der Burggasse buchen.

ZWEISAMKEIT AUF DEM BELLEVUE GENIESSEN

BANKERLSITZEN MIT AUSSICHT

Bellevue Wiese, Himmelstraße 115, 19. Bezirk
ÖPNV: Station Cobenzl Parkplatz

Auf dem Wienerwaldhügel »Cobenzl« gibt es viel zu sehen und noch mehr zu erwandern. Feste Schuhe ab Sneakerlevel sind hier jedenfalls angezeigt. Der beste Startpunkt – für Gemütliche wie Wanderlustige – ist die Bushaltestelle am Cobenzl Parkplatz. Der Ausblick von den Wiener Hausbergen auf die Stadt wurde seit der Errichtung der Höhenstraße in den 1930er Jahren kommerziell genutzt. Das Gelände des Schlosses (von 1907) und des in die Jahre gekommenen Rondellcafés aus den 1950er Jahren wurde vor Kurzem zum »Weitblick Cobenzl« weiterentwickelt, die charakteristische runde Terrasse dabei um moderne Aussichtsplattformen und Veranstaltungsräume ergänzt. Direkt dahinter hat das städtische Weingut Cobenzl seinen Sitz. Beim Automaten vor dem Weingut könnt ihr zu jeder Tageszeit eine gekühlte Flasche ziehen, was sehr gelegen kommen kann, wenn ihr spontan ein Picknick anzetteln möchtet.

Wenn eure Begleitung noch klein ist, lockt gegenüber vom Weingut der täglich geöffnete Kinder-Bauernhof »Landgut Wien Cobenzl«. Hier können Schafe, Ziegen, Schweine, Kaninchen, Gänse und Truthähne gefüttert und gestreichelt werden.

Vom Parkplatz in südöstlicher Richtung bergab erreicht ihr die Lage »Am Himmel«, wahrlich ein vielversprechender Name. Damit ihr auch hier über das Angebot Bescheid wisst: Das Ausflugsrestaurant »Häuserl am Himmel« bietet eine große Auswahl süßer Palatschinken. Auf einer Wiese beim Restaurant »Oktogon am Himmel« wurde ein keltischer Baumkreis gepflanzt, der neben den 40 Bäumen auch Stelen mit Infos

zu den verschiedenen Baumzeichen umfasst und an Wochenenden und Feiertagen mit klassischer Musik aus Lautsprechern zu einem Klangraum in der Natur wird.

Zur Bellevue-Wiese mit dem verschwiegenen Bankerl schlagt ihr einen anderen Weg ein. Vom Fuß des Cobenzl-Parkplatzes folgt ihr am besten den Holzwegweisern des »Schmetterlingspfad«, der neben der Höhenstraße durch die Wiese führt, bis ihr auf die Himmelstraße stoßt. Da habt ihr dann schon alle anderen Ablenkungen passiert. Hier geht ihr noch ein Stückchen weiter bergab, bis ihr linkerhand einen Auto-Wendeplatz seht und einen kleineren Parkplatz auf der rechten Seite. Den quert ihr, geht an der Hecke vorbei und wieder ein Stück bergauf zum Bellevue, das seinem Namen als schöne Aussicht alle Ehre macht. Am linken Rand der Wiese steht ein Gedenkstein für Sigmund Freud, dem sich hier am 24. Juli 1895 angeblich das Geheimnis des Traumes enthüllte. Wenn nicht gerade Silvester, Wochenende oder prächtiges Rodel- oder Drachenflugwetter ist, habt ihr die Bank zwischen den Kastanienbäumen mit etwas Glück für euch. Hier oben geht meist ein angenehmes Lüfterl. Beim Runterschauen auf die Stadt – mit einem Panorama, das von der Donau bis zum Wilhelminenberg reicht – redet es sich nicht nur über Träume gut.

Wenn ihr alles besprochen habt, könnt ihr die Himmelstraße immer weiter bergab gehen und dort Villen aller Art – vom verwunschenen Schlösschen mit Türmchen bis zum Palast im Oligarchenstyle – bewundern. Für die meisten sicher unerschwinglich, aber man wird ja noch träumen dürfen. Die Himmelstraße führt direkt in den Weinort Grinzing, wo es noch mehr Heurige, aber eben keine Aussicht mehr gibt.

SCHÖNER WOHNEN

Wo die Welt mit euch zu Gast ist: www.magdas-hotel.at
Das »magdas« ist Österreichs erstes Social Business Hotel gegründet von der Caritas. Betrieben wird es von Auszubildenden mit Fluchthintergrund und Hotellerieprofis gemeinsam. Neben dem mehrsprachigen und hoch motivierten Personal besticht es durch sein Re- und Upcycling-Design. Für den zentralen Standort in der Ungargasse 38 (3. Bezirk) wurde das Stephanushaus, ein ehemaliges Priesterwohnheim, revitalisiert. Steinböden, Steinvertäfelungen und die schönen Empfangsmöbel – allesamt gut erhaltene Zeitzeugen aus den sechziger Jahren – blieben bestehen. Es gibt Rabatt für Bahnfahrer und Radlerinnen.

Mittendrin statt nur dabei: www.graetzlhotel.com
Ebenfalls 2012 verwandelte die urbanauts Hospitality Group leer stehende Geschäftslokale um Karmelitermarkt, Quartier Belvedere und Meidlinger Markt in Zimmer und Suiten für Städtereisende. Ihr wohnt nah am städtischen Alltag, individuell wie in einer Privatwohnung, aber umsorgt wie in einem Hotel.

EINE INSEL MIETEN

ZWEISAMKEIT AN DER ALTEN DONAU

Laberlweg 19, 22. Bezirk
www.meine-insel.at
www.schinakl.com
ÖPNV: Station Kaisermühlen VIC

Ihr kennt es von den Reichen und Schönen dieser Welt: Sie kaufen sich gern eine eigene Insel. Für ein schmaleres Budget, aber mit fast genauso viel Privatsphäre, seid ihr in Kaisermühlen an der richtigen Adresse. An der U-Bahn-Station wendet ihr euch durch die Unterführung in Richtung Kaiserwasser. An dem kleinen See entlang, rund zehn Minuten zu Fuß auf dem Weissau-Weg, stoßt ihr auf den Laberlweg. Hier ankern die motorisierten schwimmenden Inseln und die Einhornboote. Gleich gegenüber vom Bootssteg befindet sich das Restaurant »Zum Schinakl« (so nennt man ein kleines Schiff). Dort stellt man euch auf Vorbestellung gerne die Verpflegung für den Inselaufenthalt zusammen. Sonnenuntergang, blaue Stunde und Mondschein gibt es hingegen frei Haus.

Die Insel wird stundenweise gebucht und ist stilecht mit Kuschelmuschel, Kunstrasen und Fächerpalme ausgerüstet. Sie liegt stabil im Wasser, und der Zustieg ist barrierefrei. Gesteuert wird sie einhändig mit einem Joystick, die andere Hand bleibt zum Händchenhalten frei. Dann heißt es »Leinen los« und immer schön in der Mitte bleiben. In der Mitte eurer eigenen Insel und der Mitte der Alten Donau. Gemütlich schippert ihr unter Brücken hindurch oder entlang der Kleingärten, die Skyline mit den Hochhäusern rund um die Wiener UNO-City zieht vorbei. Schwäne leisten euch Gesellschaft. Oder ihr seht eines der Mähboote, mit denen die Stadtverwaltung die Wasserpflanzen stutzt. An einigen Stellen ist die Alte Donau breit genug, um den Motor zu stoppen und sich treiben zu lassen. Über eine ausklappbare Leiter könnt ihr auch baden gehen.

SCHÖNE STUNDEN IM HOTEL VERBRINGEN

MIT DEM GSPUSI INS »ORIENT«

Tiefer Graben 30, 1. Bezirk
www.hotel-orient.at
ÖPNV: Station Schottentor

Keine Stadt kommt ohne Erotik und Verführung aus. Im »Hotel Orient«, dem berühmtesten Stundenhotel Wiens im Herzen der Stadt, werden seit mehr als 100 Jahren Begierden ausgelebt, alte Lieben neu entfacht, Seitensprünge begangen und romantische Stunden genossen. Wahlweise mit dem oder der Geliebten oder mit dem »Gspusi«, so nennt man hier eine lockere Liebesbeziehung. Diskretion ist im Haus, erbaut im Stil des Fin de Siècle, das oberste Gebot, meint verschmitzt lächelnd der Portier, der sich keine Namen und Gesichter merkt. Auch wenn ihr nichts zu verbergen habt und einfach nur eurer Beziehung einen frischen Kick verpassen wollt: Die Reservierung erfolgt ausschließlich telefonisch, bezahlt wird in bar.

Obwohl gut besucht, lebt das Hotel auch von der Legende. Schon Kaiser Franz Joseph soll sich mit seiner Geliebten in einer Suite getroffen haben. Frischvermählte buchen hier gerne für die Hochzeitsnacht, das kaiserliche Sekt-Frühstück am Morgen danach ist Programm. Bestellt wird es mit dem alten Wählscheibentelefon auf dem Nachtkasterl. Es gibt 20 Themen-Zimmer zur Auswahl. Vielleicht gefällt euch das mit dem Engerl und dem Bengerl, die Admiral- oder die 1001-Nacht-Suite? Wichtig ist Pünktlichkeit, denn Reservierungen werden auf die Minute genau vergeben, damit es in der Lobby nicht zu unerwarteten Begegnungen kommt. Ihr könnt ein Minimum von drei Stunden buchen, wer über Nacht bleiben will, zahlt auf. Zum Aufwärmen oder zum Abschied bietet sich ein Drink in der Hausbar an.

SOMMERFRISCHE GENIESSEN

EIN BIEDERMEIERLICHER TAG IN PÖTZLEINSDORF

Geymüller Schlössel, Pötzleinsdorferstraße 102, 18. Bezirk
ÖPNV: Station Pötzleinsdorf

Volley in die Sommerfrische startet ihr wochenends von Mai bis Dezember im biedermeierlichen Geymüller-Schlössel. Lustschloss und Garten, erbaut um 1810 für den Handelsherren und Bankier Johann Jakob Geymüller, gehören heute zur kunstgewerblichen Sammlung des Museums für Angewandte Kunst (mak.at). In Fahrtrichtung der Straßenbahn 41 geht ihr bergan und holt euch ein Kipferl aus der Bäckerei »Zum Türkenloch«, gegenüber der alten Kirche. Verschnauft auf dem roten Bankerl und lasst die Stilmischung der Fassade (orientalisch bis spätgotisch) und die prachtvollen Rosenbüsche auf euch wirken.

Im Foyer ist ein Raum der wechselvollen Geschichte des Gebäudes gewidmet. 160 Altwiener Uhren der Sammlung Franz Sobek und originalgetreue Ausstattung samt Kaminen und Luster schmücken Erdgeschoß und ersten Stock. Heimliches Highlight: die Galerie biedermeierlicher Berufsbilder im Stiegenhaus. Sehenswert ist auch der Orientalische Blaue Salon und die Ost-Terrasse. Unsere Empfehlung: Rastet ein wenig im Garten – mit Blick auf den goldenen Halbmond der Kuppel und den Springbrunnen.

Danach flaniert bitte durch den Pötzleinsdorfer Park, wo neben Mammutbäumen auch das »Singende Quartett« steht, die einzig überlebenden Figuren des verheerenden Ringtheaterbrandes (1881). Ganz biedermeierlich Zeit zu zweit im Grünen verbringen, klappt dank des exquisiten Sortiments am Kiosk nahe dem Haupteingang. Gesetzter speist ihr im Gastgarten des »Steirerstöckl «, das in knapp 15 Minuten zu Fuß durch den Park erreichbar ist.

UNTER DER U-BAHN AUSGEHEN

NACHTFLUG IN DIE STADTBAHNBÖGEN

ÖPNV: U6-Stationen am Gürtel
zwischen Alserstraße und Thaliastraße

Noch urbaner könnt ihr gar nicht ausgehen, denn der mehrspurige Gürtel ist eine der meistbefahrenen Straßen Wiens. In der Mitte rattert über etliche Viaduktbögen seit ihrer Errichtung in den 1850er Jahren die Stadtbahn, heute die U6. Über viele Jahre war der Gürtel West ein Rotlichtviertel, im Zuge einer groß angelegten Revitalisierung der – ursprünglich von Architekt Otto Wagner erbauten – Stadtinfrastruktur, gelang ab 2000 der Wandel: In die Gürtelbögen zogen Lokale, Shops und Handwerksbetriebe ein.

Die ohnehin erhebliche Geräuschkulisse sorgt dafür, dass die Lärmentwicklung von Lokalen gar nicht ins Gewicht fällt. Zwischen den U6-Stationen Alserstraße und Thaliastraße hat sich ein belebtes und beliebtes Ausgehviertel mit kleinen alternativen Konzert-Locations entwickelt. Zu den Fixsternen gehören das »Chelsea«, auch zum gemeinsamen Fußballschauen zu empfehlen, »B72«, das »Café Carina«, der »Weberknecht«, wo auch Wrestling-Kämpfe stattfinden, oder das »Rhiz«. Kleine Gastgärten werden einfach auf die Promenade vor den Ziegelbögen gestellt.

Für den Einstieg ins Nachtleben empfehlen wir euch eine solide Unterlage. Der Gastgarten des »Weinhaus Sittl« ist eine grüne Oase, was ihr beim Verkehrsrauschen am Eingangstor sicher nicht vermuten würdet. Die Gaststube ist urig, die Portionen groß und die Küche klassisch. Für einen schnellen Döner ist »Mangalet Kebap« mit seinen Vollkornwraps (Rind-, Huhn- oder Veggiefüllung) und selbst gemachten Saucen die erste Adresse.

Und dann: kaltes Bier, Spritzwein, gute Musik, und alle paar Minuten liefert die Bahn über euren Köpfen den Beat dazu.

PAUSIEREN IN BESERLPARKS UND BUNDESGÄRTEN

KLEINE WIENER PARKKUNDE

Einmal quer durch Wien

Dank Wienerwald und Donau-Auen ist beinahe die Hälfte der Stadtfläche Wiens begrünt und ihr profitiert davon. Wenn ihr Erholung sucht oder eine Pause machen wollt, stehen euch viele kleinere und größere grüne Inseln kostenlos zur Verfügung. Die 990 städtischen Parkanlagen sind auf alle Bezirke verteilt. Zur Basisausstattung der Wiener Grätzel gehören die sogenannten »Beserlparks«. Grätzel nennt man in Wien das eigene Stadtviertel, in dem man die Nachbarn kennt und fußläufig unterwegs ist. Die Parks sind so klein, dass man sie allein mit einem Besen auskehren könnte. Am anderen Ende der Skala mit entsprechendem Pflegeaufwand stehen die Bundesgärten (wie der Augarten, der Schönbrunner Schlosspark oder der Burggarten), weitläufige Anlagen im Bundesbesitz mit ornamentalen Blumenbeeten und akkurat in Form geschnittenen Bäumen und Büschen.

Was dürft ihr euch erwarten und welche Bedürfnisse erfüllen die meisten Wiener Parks? Sie sind und/oder haben einen Spielplatz, Bankerl zum Sitzen, oft einen Trinkbrunnen (von Dezember bis April abgesperrt) und Schattenspender. Häufig gehört eine öffentliche WC-Anlage dazu, immer öfter auch Tischtennistische und immer wieder Public WLAN. Sehr viele größere Parks haben eine Labstelle wie etwa eine Meierei, einen Kiosk, ein Salettl. Oder sie werden von einem »Espressomobil« angesteuert. Aus den umgebauten Piaggio-Ape werden Kaffee, Kakao und Tee frisch serviert (Live-Karte unter www.espressomobil.at/standorte).

Der Stadtpark (1. Bezirk) kommt euch beim Innenstadtbesuch gerade recht, weil er an der Ringstraße liegt. Er ist gut gestaltet mit

einer alten Wetterstation, Ententeich, Liegewiesen und der Wienfluss führt hindurch. Die einzelnen Ecken des Parks mit altem Baumbestand sind ganz unterschiedlich. Ihr könnt oben oder unten an der Fluss-Einfassung sitzen und Möwen und Brücken bestaunen. Das Haubenlokal »Steirereck« betreibt auch die »Meierei im Stadtpark«, die ein herrlicher Frühstücksort ist.

Besonders sind die beiden Parks, die anlässlich zweier Internationaler Gartenschauen gestaltet wurden. In den Donaupark (22. Bezirk) geht ihr vielleicht nach einer Abkühlung in der Alten Donau (bei Romawiese oder Arbeiter-Innenstrand). Hier findet eine »Liliputbahn« und der »Donauturm« Platz, er ist schön flach (für Menschen auf Rädern) und hat Trampoline, Tennisplätze, Spielplätze, ein Koreanisches Kulturhaus und das Restaurant »Szechuan« in einer Pagode. Der Kurpark Oberlaa (10. Bezirk) war einst Drehort von Monumentalfilmen der Stummfilmzeit und wurde 1974 umgestaltet. Vielleicht wollt ihr in den »Liebesgarten«, der ganz in Weiß gehalten ist: von den Bänken, über die Schaukeln und Lauben bis zur Blütenpracht. Nach der Pause könnt ihr ins Skateland, den Streichelzoo oder die Kurkonditorei Oberlaa gehen (Laakronen und Mousse-au-Chocolat-Torte!).

Auch der historische Türkenschanzpark (18. Bezirk) ist ein Highlight. Dank Beschilderung wird der Baumlehrgang mitgeliefert. Gefühlt führen 100 mögliche Routen durch das Gelände. Es gibt viele Liegewiesen, oder ihr sucht den Hängemattenbaum bei der Paulinenwarte. Nach der Pause könntet ihr ein paar Körbe werfen, euch einem Beachvolleyball-Team anschließen oder die Tischtennistische nutzen.

AUS WIEN GRÜSSEN

Handschriftliche Urlaubsgrüße

➳ Laura Wolfsteiner illustriert Redewendungen wie »die Krot schlucken« oder »am Watschenbaum rütteln«. Die Wiener Wörter-Edition gibt es im MAK Design Shop, ausgesuchten Buchhandlungen und bei Hamtil & Söhne. wienerwoerter.at

➳ Die Edition BussiWien zeigt ehrliche Ansichten der Stadt. Erhältlich im MAK Design Shop oder im Hotel Superbude. www.bussiwien.at

➳ Der Verlag »art postal« von Frank Dehner und Caroline Peters liefert Straßenfotografie und Smartphonemalerei in der Margaretenstraße 47, 4. Bezirk. www.art-postal.com

Mitbringsel

➳ Aus dem Viennastore Hamtil & Söhne im Loos-Haus, 1. Bezirk, könnt ihr sogar ein Fluchtachterl mit nach Hause nehmen, anderes natürlich auch. www.hamtil.at

➳ »Nur ned hudln« bei der Auswahl von T-Shirt, Beutel oder Beanie von Kitsch Bitsch, Shop in der Neubaugasse 46/Ecke Siebensterngasse, 7. Bezirk. kitschbitch.at

➳ Blaue Donau, roter Mohn, Amour oder Christkindl heißen die Düfte der Wiener Seife. Zu beschnuppern im Shop Herrengasse 6-8, 1. Bezirk. wienerseife.at

NIE NUR EINEN ABSACKER TRINKEN

COCKTAILS IM »HALBE STADT«

U-Bahn-Bogen 155, Währinger Gürtel 144, 9. Bezirk
halbestadt.at
ÖPNV: Station Nussdorferstraße

Wenn ihr klebrige »Piña Colada« oder »Sex on the Beach« trinken wollt, müsst ihr woanders hingehen. In der Bar »Halbe Stadt« von Konny Wunder und Erich Wassicek gibt es Cocktails aus der Zeit rund um die Prohibition. Macht euch keine Sorgen, falls euch die Karte zunächst überfordert: Ihr könnt einfach mit einem ordentlichen Gin & Tonic starten, denn bei einem Getränk wird es sicher nicht bleiben. Die American Bar fügt sich organisch in einen der Stadtbahnbögen am Gürtel, denn sie gehört seit mehr als zwanzig Jahren genau hierher mit rohen Ziegeln, Glasregalen und schummrigem Licht. Wer genau hinhört, kann neben der Musik alle paar Minuten sämtliche Gläser leise scheppern hören, immer dann, wenn die Bahn oberhalb der Bar passiert.

Zum Glück kann Konny Wunder Drinks beschreiben wie keine Zweite. So wird aus Centiliter-Angaben eine Vorstellung von Geschmack. Auch sonst hat die Barfrau ein unvergleichliches Mundwerk: Ob mit Stammgast oder Erstling, der Schmäh rennt. Dann macht sich Erich Wassicek, der schon in Pension sein könnte, in aller Ruhe ans Werk. Wie ein Barprofessor in einem gemütlichen Labor steht er vor der beleuchteten Flaschenwand. Er mixt frische Zutaten und Spitzen-Spirituosen, über die er faszinierende Geschichten zu erzählen weiß und die man auch pur genießen kann. Der »Wiener Bua« hat als Bartender auf der ganzen Welt gelernt – und verdichtet seine Erfahrungen in einem Wiener Viaduktbogen. Konny, Erich und Tochter Vicky geben den Gästen, was sie brauchen: im Glas und drumherum.

IN ALPHAWELLEN BADEN

FLOATING IN SALZIGEM HOCHQUELLWASSER

»schwerelos«, Lange Gasse 70, 8. Bezirk
www.schwerelos.wien
ÖPNV: Station Lange Gasse

Floating bedeutet, in warmem Salzwasser zu schweben, Umweltgeräusche auszublenden und zu sich zu kommen. Im Studio »schwerelos« bucht ihr vorab euren 60-Minuten-Slot, bekommt wasserdichte Ohrstöpsel, duscht, steigt zu zweit in die flache Wanne mit körperwarmem Wasser und einigt euch auf »Licht aus« oder »Lichtstimmung«. Die Ohren sind dicht, also ist es Entspannung für zwei, die sich ohne Worte verstehen. Wichtig sind langsame Bewegungen, damit euch kein Wasser in die Augen spritzt. Die Kopfstütze ist für die Psyche, das Salzwasser trägt euch auch ohne. Das Motto der Stunde: einfach rumhängen. Wenn die Wirbelsäule könnte, würde sie jetzt wohlig aufseufzen.

Der Bauch gluckst, das Herz pocht, der Atem strömt, vielleicht dämmert ihr weg, hört den Salzkristallen beim Wachsen zu, plätschert mit den Zehen. Kurz bevor das Wasser kühl wird und ihr meint, den Kopf nie wieder selbst heben zu können, geht das Licht an. Nun vorsichtig aussteigen, abduschen, anziehen und wieder im Alltag auftauchen. Wenn ihr lieber solo schwebt, könnt ihr eine Wanne für euch allein buchen. Und danach über eure Erfahrungen sprechen.

Tipp: Gleich neben dem Studio verkauft Madlaina Sladecek-Dosch in der Vinothek »VinoDea« (vinodea-weinhandlung.at) ausschließlich von Winzerinnen gemachte Weine und ein paar Schweizer Flaschen. Ihre Beschreibung des Weins oder die Sympathie für die jeweilige Weinmacherin auf dem Polaroidfoto helfen euch bei der Entscheidung. Knackig-frisch etwa der »Sommernachtstraum« von Irmi Stich.

ZUR JAUSENFEE AUF DEN NUSSBERG

AUSBLICKE UND SCHMANKERL GENIESSEN

19. Bezirk
www.wienerwein.at/nussdorf-heiligenstadt
ÖPNV: Station Zahnradbahnstraße

Warum ist der Nussberg ein Mussberg? Der Wienerwaldhügel lässt Ausblicke in alle Richtungen zu. Und eine Jause, die erwandert wurde, schmeckt einfach besser. Von der ehemaligen Zahnradbahnstation folgt ihr dem Wegweiser für den Stadtwanderweg 1, biegt aber bei der Eroicagasse rechts ab und gelangt über einen Hohlweg direkt in die Weingärten. In einer guten Stunde arbeitet ihr euch in Serpentinen über Feldwege, Eichelhofstraße und Eichelhofweg auf den Nussberg hinauf. Die Route bietet »Instafaction« – also viele schöne Fotomotive. Für die Tour gilt: auf den Wegen bleiben, Müll mitnehmen, Hunde an die Leine und die Reben in Ruhe lassen, denn gut Wein will Weile haben. Bei Sonnenschein werdet ihr auf Schritt und Tritt belohnt: einander umtanzende Schmetterlinge, in der Luft stehende Bussarde, Duftrosen am Ende der Rebzeilen und auf den Steinmauern sonnen sich mit etwas Glück die Eidechsen.

Oben gibt es einige Möglichkeiten, einzukehren. Bei den Platzhirschen Wieninger (Donaublick) und Mayer (Wienerwaldblick) lasst euch nieder und genießt ein gutes Glas Gemischter Satz. Etwas versteckter liegen »Feuerwehr Wagner« und der »Sirbu«. Liptauer, Grammelschmalz, Salzgurke, Wachauer – ihr versteht nur Bahnhof? Wenn es euch wichtig ist, fragt, ob das Gericht vegetarisch ist. Und dann riskiert es.

Und wer ist jetzt die »Jausenfee«? Wenn alles passt, ist sie im Sommer nachmittags um fünf von manchen Rieden (Lagen) aus zu sehen. Die gleißend weiße Frau scheint vor dem Stephansdom in der Luft zu stehen. Bei der Arbeit im Weingarten war sie wohl ein willkommenes Zeichen, um eine Jause einzunehmen.

ZERBRECHLICHKEIT BEWUNDERN

PORZELLAN UND BETON IM AUGARTEN

Obere Augartenstraße 1, 2. Bezirk
www.augarten.com
ÖPNV: Station Taborstraße

»Allen Menschen gewidmeter Erlustigungs-Ort von Ihrem Schaetzer« steht über dem Tor, das euch geradewegs zur Porzellanmanufaktur Augarten führt. So huldvoll äußerte sich der Habsburger Reformer Josef II. anno 1775, als er die barocke Parkanlage für das gemeine Volk öffnete. Die Porzellanherstellung in Wien, mit Gründungsjahr 1718 die zweitälteste in Europa, wollte der Sohn von Maria Theresia 1783 eigentlich veräußern. Seine Mutter hatte die Manufaktur 1744 als Marke des kaiserlichen Wiener Porzellans übernommen, und für die Produktion gab es reiche Verwendung: Ihr persönliches Porzellan zieren grüne Röschen und Goldrand. Menschen bei Hofe tranken ihre heiße Schokolade gerne aus einer Trembleuse (Tässchen mit kippsicherer Galerie auf der Untertasse) oder benutzten während langer Messen ein Bourdalou, wenn sie mal mussten. Die Belegschaft und Direktor Conrad Sörgel von Sorgenthal bewahrten das Traditionsunternehmen letztlich.

Angefangen hat alles mit dem niederländischen Kriegsagenten am Hofe Karl VI., Claudius Innocentius du Paquier, dem es um 1717 auf abenteuerlichen Wegen gelang, das sogenannte Arkanum – das Geheimnis der Porzellanherstellung – von Meißen nach Wien zu bringen. Die Geschichte und die G'schichterln rundum werden in einer kleinen Ausstellung im ersten Stock der Manufaktur aufbereitet. Der begehbare zweistöckige (!) Brennofen ist besonders eindrucksvoll. In den 1920er und 30er Jahren erweiterten Künstlerinnen und Künstler der Wiener Werkstätten das Formenrepertoire, und die Manufaktur

übersiedelte aus der Porzellangasse 51 an ihren jetzigen Standort.

Nach einer Rast im angrenzenden »Café Sperling« ist es Zeit, die barocke Schatzkiste Augarten weiter zu erkunden. Kunstvoll gestutzte Bäume, ornamentale Beete, Wiesen zum Fläzen, Fangenspielen, Yoga-praktizieren oder gemeinsam einen eiskalten Mazagran in der »Schankwirtschaft« an der Gartenmauer einnehmen. Die Wiener Sängerknaben finden in dem 54 Hektar großen Bundesgarten ebenso eine Heimat wie das Filmarchiv Austria (mit coolem Sommerkino-Garten), ein Kinderfreibad der Stadt Wien, das MuTh (Musik und Theaterhaus für junges Publikum, muth.at), die City-Farm und zwei Flaktürme.

Porzellan und Beton – beides kann zerbröseln, aber das feine Porzellan im Augarten ist deutlich besser in Schuss als die hurtig hingemauerten Hochbunker aus Stahlbeton. Von hier aus wurde 1944/45 in die Nachthimmel geleuchtet und es wurden Flugabwehrgeschütze abgefeuert. Aus manchen Blickwinkeln bringt ihr barocke Parkpracht und brutalen Beton sogar gemeinsam ins Bild. Die 78er – Institut für Stadterkundung Wien haben für uns Einblicke in den unzugänglichen Ort dokumentiert. Seit Jahren wird über eine sinnvolle Nachnutzung diskutiert – während die zeitgeschichtlich interessanten Zweckbauten zerfallen.

Tipp: Die Kaisersemmel oder der Krapfen aus Porzellan sind ein kostspieliger Hit aus dem Augarten-Shop. Schönes zeitgemäßes Porzellan gibt es um die Ecke vom Augarten in der Glockengasse, wo Gudrun Gross ihre »gudshapes« (www.gudshapes.at) formt. Das Porzellanmuseum kennt sie gut, hat sie doch jahrelang dort Führungen angeboten. Ihre Favoriten sind die kleinen floralen Tassen der Anfangstage von Du Paquier und das »Melonenset« von Josef Hoffmann.

WAS NOCH ZU TUN IST

- Einen »Augustin« kaufen: Die Straßenzeitung druckt Geschichten über das andere Wien und Subkulturen sowie das Programmheft »Strawanzerin«. Die Wochenzeitung »Falter« hat mittwochs ein dickes Programmheft beigelegt. Für Kulturtipps esel.at von Lorenz Seidler ansurfen. Wien über die Menschen kennenlernen auf www.madamewien.at.
- Geocaching in Wien: www.geocache.at
- Auf den Stiegen der Städtischen Bücherei sitzen: am Urban-Loritz-Platz ganz hinaufsteigen und auf der Treppe sitzen, einen Kaffee im »Oben« trinken
- Besondere Museen besuchen: vom Heizmuseum über Fischereimuseum und Zauberkastenmuseum bis zum Bestattungsmuseum. www.wien.gv.at/ma53/museen/museen.htm
- Aus dem Vollen schöpfen: Auf »Wien, wie es isst« sind alle Lokale Wiens beschrieben. Nach Stichworten suchen und buchen. Den Newsletter goodnight.at für Events und Neueröffnungen abonnieren.
- Bäume umarmen: Mit der App des Gregor-Mendel-Instituts NDQUEST lassen sich 400 Naturdenkmäler in Wien entdecken (ndquest.at) oder ihr besucht mal @wildurb.

IN DEN NATIONALPARK GONDELN

VON WIENBLICK BIS SCHUTZGEBIET

Bootsanlegestelle Salztorbrücke, 1. Bezirk
nh@ma49.wien.gv.at
ÖPNV: Station Salztorbrücke

Steigt an nur einem halben Tag in der Innenstadt ein, bereist geruhsam den Wiener Teil des Nationalparks Donauauen und steigt ebenso zentral wieder aus. Was kaum machbar scheint, geht täglich von Anfang Mai bis Ende Oktober mit dem Nationalparkboot und bietet auch Einheimischen neue Perspektiven auf ihre Stadt. Einfach telefonisch oder per E-Mail für die Fahrt auf der blau-weiß gestrichenen »Enns« anmelden. Start ist um neun Uhr morgens am Donaukanal, der vor der Fluss-Regulierung ab 1870 dem Verlauf des wilden Hauptarms entsprach. Aus diesem Blickwinkel haben schon die alten Römer die beste Lage für ihr Militärlager »Vindobona« bestimmt. Nach einem Wendemanöver geht es in Fließrichtung eine Stunde dahin. Bald thront rechterhand die Urania würdig auf ihrer Halbinsel. Die könnt ihr euch für einen späteren Besuch merken, weil sie Kasperltheater, Sternwarte, Restaurant mit Sonnenterrasse und Kino in sich vereint.

Am Bug kann man bei Schönwetter durchs offene Fenster mit dem Kapitän plaudern, der einiges zu erzählen weiß. Am Heck sind Sitze montiert. Oder ihr leistet unter Deck dem Dackel des Kapitäns Gesellschaft. Im Vorbeifahren könnt ihr euch schon einen Stadtstrand für das Chillen nach der Tour aussuchen (zum Beispiel »Strandbar Hermann«) und die Street Art Gallery begutachten. Während der Blick auf dem ersten Teilstück an prachtvollen Fassaden hängenbleibt, werden diese zunehmend von Zweckbauten wie Müllverbrennung, Hochhaus und Eisenbahnbrücken abgelöst, ohne die Wien nicht funktionieren könnte.

Kurz bevor der Kanal in die Neue Donau einmündet, sind bunte Hütten mit Daubelnetzen (über eine Seilwinde absenkbare Fischernetze) zu bewundern. Beim Ölhafen Lobau quert das Boot den 300 Meter breiten Donaustrom und ankert in einer Bucht am Beginn des Donau-Oder-Kanals.

Hier erwartet euch ein Guide der Wiener Forstverwaltung, und es geht zu Fuß weiter durch die Obere Lobau, den Wiener Anteil des Nationalparks Donauauen. Einst kaiserliches Jagdgebiet und Lagerplatz von Napoleon, besetzten im Winter 1984/85 Umweltbewegte die Hainburger Au, um einen Kraftwerksbau zu verhindern. 1997 wurde der Schutzstatus des Augebiets in Wien und Niederösterreich durch die IUCN besiegelt. Die grüne Hölle vor den Toren der Stadt beherbergt rund 800 verschiedene Arten und die eiserne Trinkwasserreserve. Altehrwürdige Silber-Pappeln und Silber-Weiden prägen den Auwald. An manchen Wasserstellen baden Sumpfschildkröten in der Sonne, und mit etwas Glück seht ihr einen »fliegenden Edelstein«, den Eisvogel mit seinen blau-grün schillernden Flügeln.

Heute wird der Auwald nicht mehr regelmäßig von einem ungezügelten Gebirgsfluss überschwemmt, sondern durch das Grundwasser befeuchtet. Es muss also laufend und gezielt an Maßnahmen getüftelt werden, um Naturschutz und Hochwasserschutz zu vereinen. Die Obere Lobau repräsentiert die intensiv genutzte Randzone des Schutzgebiets, die Untere Lobau ist beschaulicher. Wer sich vertiefen möchte, bucht eine Tour oder Themenführung mit Ranger oder Rangerin im Nationalparkhaus am Dechantweg (22. Bezirk) oder im »schlossORTH« Nationalpark-Zentrum (Orth an der Donau). Das Nationalparkboot tuckert euch jedenfalls nach eineinhalb Stunden verlässlich zurück in den Großstadtdschungel.

MIT DEM LIEBLINGSMENSCHEN

Zusammen kreativ werden

ZWISCHEN JUGENDSTIL UND VINTAGE PENDELN

SECESSION UND WIENZEILEN

Rechte und Linke Wienzeile, 6. und 7. Bezirk
www.secession.at
ÖPNV: Station Pilgramgasse

Für wirklich individuelle Stücke sind die Wienzeilen die passende Adresse. Otto Wagner plante dort einige prächtige Jugendstil-Bauten für Kaiser Franz Joseph. Dieser bevorzugte aber für den Weg von der Hofburg zum Schloss Schönbrunn die Mariahilferstraße, würdigte sie also keines Blickes. Ihr solltet es aber tun, am besten verbunden mit einem schönen Samstags-Spaziergang stadteinwärts. Zunächst passiert ihr den »Vorwärts Verlag«, die Zentrale der Sozialdemokratischen Arbeiterpartei, auf der eine wirklich große Uhr die neue Zeit anzeigt (Rechte Wienzeile 97). Im nächsten Jugendstilhaus, dem »Rüdigerhof« (Hamburgerstraße 20, ruedigerhof.stadtausstellung.at), kehrt ihr auf ein Frühstück ein. Ein »Schrammelbrot«, belegt mit Käse, Schnittlauch oder Schinken, freundlich in Streifen geschnitten. Das Café kalkuliert moderate Preise trotz Gunstlage. Der Garten bietet sonnige Tischchen oder den Schatten von Ahorn – ein Raucherrefugium –, die Innenausstattung einen Vorgeschmack auf das Flohmarkt-Sortiment. Ein Gesamtkunstwerk, ganztägig benutzbar, von Tarockrunde bis Sportsbar, von Apfelstrudel bis Augsburger Wurst.

Rafft euch auf, bevor der traditionelle Flohmarkt auf dem Parkplatz bei der Kettenbrückengasse völlig abgeräumt ist, denn die Profis sind schon im Morgengrauen unterwegs und sacken die besten Stücke ein. Wenn es euch um unerwartete Schnäppchen geht, besucht besser die Pfarrflohmärkte Wiens. Während ihr schlendert und zwischen Klamotten, Hausrat, Schmuck und Kitsch gustiert, kommen auf der

Linken Wienzeile die nächsten Prachtbauten ins Blickfeld: das Eckhaus der Eisenbahnerversicherung (48-50) von Hubert Gessner und drei Wohnhäuser. Dann das »Majolikahaus« mit der verfliesten Fassade mit roten Blumen (40), gleich daneben das mit vier Ruferinnen auf dem Dach (auf 38) und ein weiteres um die Ecke, alle drei von Otto Wagner. Das Eckhaus hat goldene Ornamente von Koloman Moser, und die Skulpturen stammen von Othmar Schimkowitz, der für Otto Wagners Kirche am Steinhof auch die Engelsfiguren schuf. Wenn die Tür zufällig aufgeht, schlüpft hinein und seht euch auch im Stiegenhaus um. Es ist immer interessant zu sehen, wie Star-Architekten selbst wohnen. Otto Wagner lebte zeitweise nebenan in der Köstlergasse 3 – vergleichsweise schlicht. Die Fensterrahmen sind in jenem Grün gehalten, das man heute von den von ihm erbauten Stadtbahnstationen kennt.

Ab hier übernimmt der Naschmarkt zwischen den Häuserzeilen. Für gute sortierte Vintage-Lampen, Kleinmöbel und Accessoires steigt ihr ein paar Stiegen zur Galerie »Design 1900-2000« (Rechte Wienzeile 25-27) hinab. Danach könnt ihr den Kreislauf mit einem Gläschen im »Szigeti Sektcomptoir« aufputschen, wo ihr auch selbst mitgebrachte Jause verzehren dürft. So gestärkt geht es zur letzten Station: der Wiener Secession. Sie ist Gebäude und Bewegung, gegründet 1897 von einer Gruppe von Künstlern um Gustav Klimt, die sich vom konservativen Künstlerhaus abspalteten. Joseph Maria Olbrich gestaltete das phänomenale Ausstellungshaus mit der goldenen Lorbeer-Kuppel, das zu seiner Zeit als »Krauthappel« verunglimpft wurde. Führungen durchs Haus finden samstags um 14 Uhr statt. Mit dabei auch Klimts Beethovenfries, auf dem neben Nackten und Gold auch ein Gorilla zu finden ist.

SICH ENDLICH EIN DENKMAL SETZEN

Wieso sollen eigentlich nur Menschen wie Beethoven eine Büste oder Mozart ein Standbild bekommen? Warum nicht die beste Freundin auf den Schreibtisch stellen oder mal eine Büste von Gatte oder Gattin anfertigen? Wenn ihr euch einzeln, paarweise oder nur bis zum Brustkorb in Gips verewigen lassen möchtet, dauert das wenige Tage – ihr selbst müsst nur wenige Minuten vor Ort sein.

→ Schritt eins: Bei 2Print einen Termin ausmachen, online, telefonisch oder per E-Mail.

→ Schritt zwei: Wunschpose im 3D-Fotobogen (dem Photogrammetrie-Scan-Gerät) einnehmen, zum Beispiel über die Schwelle tragen, in den Arm nehmen, Peace-Sign, BFF, und gescannt werden. Dauert eine Sekunde.

→ Schritt drei: Figurgröße (10 bis 30 Zentimeter) und Machart (gold, in Farbe, weiß) wählen und wenige Tage später abholen oder schicken lassen.

Das 3D-Kompetenzzentrum mit Copyshop kann aber auch andere lustige Dinge: etwa euren Lieblings-Schnappschuss aus Wien auf Leinwand bannen oder Eiswürfelformer nach Wunsch anfertigen.

→ Gudrunstraße 160 (10. Bezirk), www.2print.at

DIE STADT ALS BÜHNE ERLEBEN

IMMERSIVES THEATER AUS WIEN

www.nesterval.at

Immersives Theater klingt sperrig, ist aber ein lustvolles Abenteuer zwischen Schauspiel und Schnitzeljagd, bei dem die Handlung nicht auf fester Bühne spielt, sondern ihr aktiv verschiedene Stationen besucht. Tretet also ein, die ganze Stadt kann Bühne sein. Jeder Abend mit dem »Nesterval«-Kollektiv ist anders. Nicht nur die Stücke unterscheiden sich, auch die Wahrnehmungen der Gäste und die Spielorte sowieso (zum Beispiel Wurstelprater, Stift St. Peter Dornbach, Pfarre am Gellertplatz, ein Bürohaus vor dem Abriss). Also nehmt eure Begleitung fest an der Hand, damit ihr Eindrücke vergleichen und Rätsel gemeinsam lösen könnt.

Je nach Gusto heftet ihr euch dem Feschak an die Fersen oder der Schreckschraube – sie alle wollen euch ihre Version der Geschichte verkaufen. Die Story, die Ausstattung, die Charaktere – Familie Nesterval arbeitet sorgfältig, detailreich und immer anders. Eine schöne junge Frau ist tot und im kleinen Dorf, in dem jeder jeden kennt, brodelt die Gerüchteküche. »Dirty Dancing« und Goethes »Faust« vermählen die Nestervals unerschrocken zu einer Story, und am Ende tanzen alle durch den Mittelgang einer Kirche. Ein verlassenes Bürohaus wird zum Gruselort, an dem menschliche Reiz- und Reaktionsmuster in argen Widerstreit geraten. Wer Schnitzeljagden mag, gut zu Fuß ist, einen kleinen Schauer verträgt und das performative Element schätzt, wird Nesterval lieben. Inzwischen gibt das Ensemble rund um das kreative Duo mit den Pseudonymen Herr Finnland und Frau Löfberg auch Gastspiele in anderen Städten in Österreich und Deutschland, but it is made with love in Vienna.

MIT ALLEN SINNEN GENIESSEN

»THE SUPERSENSE« UND »DOGENHOF«

Praterstraße 70, 2. Bezirk
the.supersense.com
dogenhof.com
ÖPNV: Station Praterstern

Willkommen in der Heimat analoger Delikatessen, einer charmanten Zeitmaschine namens »The Supersense«. Gründer Florian »Doc« Kaps trat 2006 zunächst zur Rettung des Polaroid-Films an. Neben dem Instantfilm kamen weitere Dinge aus der Mode, die mehr als einen Knopfdruck benötigen. 2014 sperrte der Biologe mit Nina Ugrinovich und Andreas Eduard Hoeller deshalb das Gravitationszentrum für Freunde und Freundinnen des Analogen auf. Heute wird der Typ 100-Film wieder per Hand produziert. Im Erdgeschoß des venezianisch inspirierten Dogenhof, der 1899 gebaut wurde, sind Café und Letterpress-Manufaktur untergebracht, in der Plakate, Speisekarten und Plattencover gesetzt und gedruckt werden. In einem Regal werden Keramikwaren von Ricarda Stahl, lokal produzierte Spezereien und ledergebundene Notizbücher von Jérôme Bacquias feilgeboten. Im Smell-Lab von Sissel Tolaas könnt ihr euch eine spezielle Duftmischung bestellen und damit erinnerungswürdige Momente abspeichern. Sonntags geben Indie-Künstlerinnen und -Künstler hier Konzerte, die anschließend auf Schallplatten gebannt werden. Seit 2020 kocht Lukas Stagl nebenan (mit Holzkohle) »from nose to tail« und »Wurzelhaar bis Krautspitze«.

Im ersten Stock steht die größte Polaroidkamera der Welt, mit der Fotograf Ákos Burg auf Anfrage ein 20x24"-Bild von euch anfertigt. Und wenn ihr den Newsletter abonniert, erfahrt ihr rechtzeitig, ob und wann an der Tafel mit dem Förderband wieder ein »Private Supper Club« für bis zu 20 Gäste tagt.

DIE NÄHMASCHINE SINGEN LASSEN

NÄHKURSE IN DER »WIENER KONFEKTION«

Westbahnstraße 4, 7. Bezirk
www.wiener-konfektion.at/naehkurse
ÖPNV: Station Neubaugasse/Westbahnstraße

Erika Farina hat einen langen Geduldsfaden und vor allem Nähseide in allen Farben. Um den Hals trägt sie ein Maßband und an einem Schlüsselband eine kleine Schere. Alles ist also in Griffweite, wenn ihr einen ihrer Nähkurse im Atelier der »wiener konfektion« besucht. Im kleinen Kreis (max. drei Personen) könnt ihr hier selbst zur Designerin werden. Die gebürtige Italienerin hilft euch, falls ihr »Handarbeitstraumata« aus der Schule zu überwinden habt.

Die Näh-Workshops finden am Wochenende statt. Der Jersey-Workshop mit Overlock-Maschine dauert einen Tag (115 Euro, Sonntag 10 bis 16 Uhr). Der Nähkurs für Oberteil, Kleid oder Hose dauert eineinhalb Tage (165 Euro, Samstag 16:30 bis 19 und Sonntag von 10 bis 16 Uhr). Nachdem ihr euch mit euren Maßen angemeldet habt, bereitet Erika einen einfachen Grundschnitt vor, den ihr im Kurs individuell variieren könnt: Alle machen das Gleiche, aber keiner dasselbe. Wer immer schon einmal einen Kragen oder eine Tasche nähen wollte, kann das unter fachkundiger Anleitung tun. Wenn ihr ohne Stoff im Koffer kommt, bucht ihr euch einfach ein Paket dazu: vorab zusammengestellt oder vor Ort aus dem Lager gewählt (für 35 Euro). Am Ende könnt ihr noch ein »very private shopping« anhängen und unter den Stücken von Maria Fürnkranz gustieren, die »wiener konfektion« gegründet hat. Vielleicht findet ihr ein schönes Teil aus dem Upcycling von Kimonostoffen, Herrenhemden oder Jeans. Oder ein filigranes Ohrgehänge von Edita Rosenrot, die ihre Naturmotive aus Eisen hier anbietet.

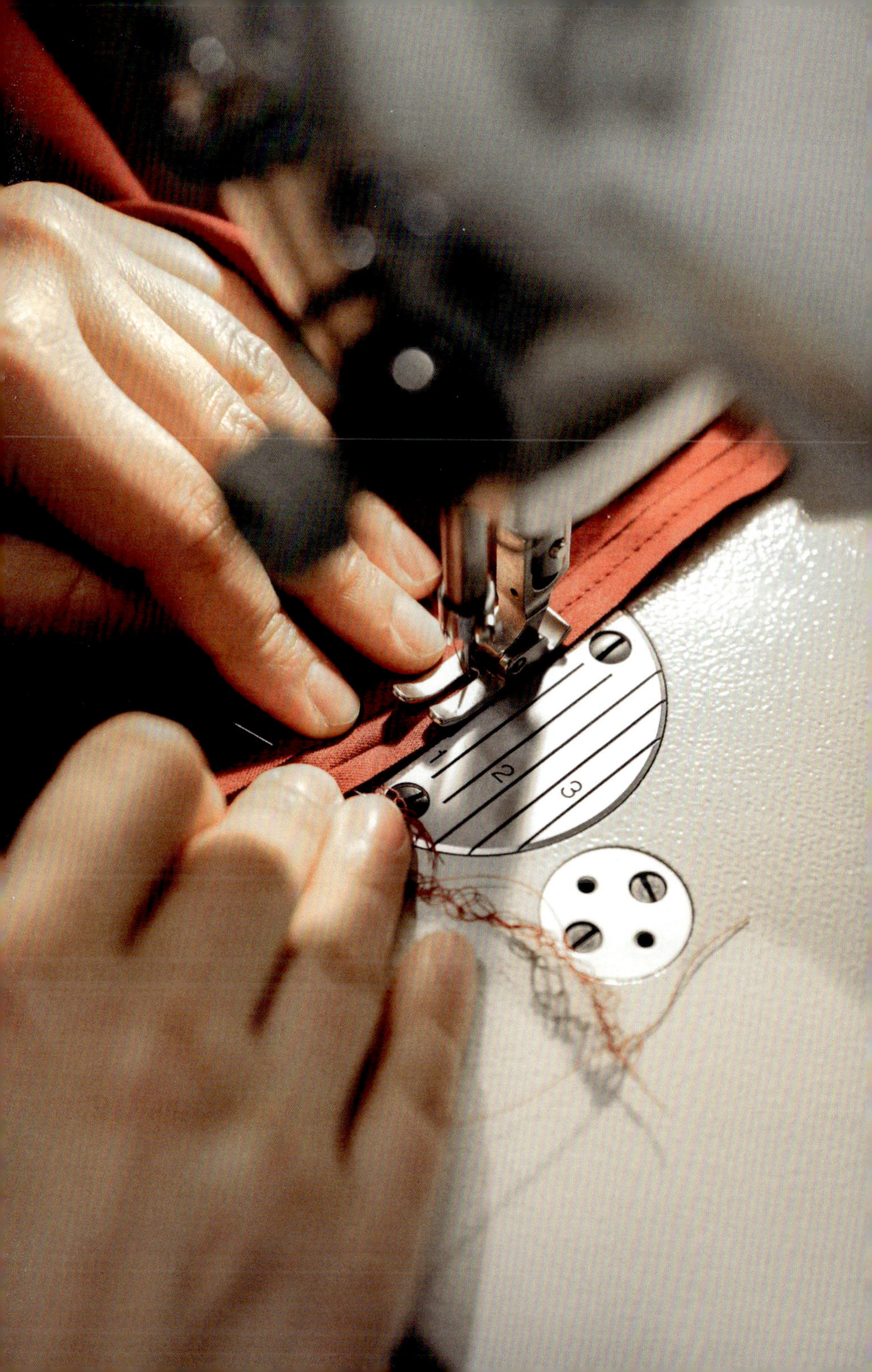
1
2
3

GEMEINSAM AUSBRECHEN

ESCAPE THE ROOM MIT DEN »CRIME RUNNERS«

Hemalser Gürtel 24/1 und Maria-Theresienstr. 3/1, 9. Bezirk
crimerunners.at
ÖPNV: Station Alserstraße und Schottentor

Ihr versteht euch blind? Ihr ergänzt die Gedankengänge des anderen und beendet Sätze oft gemeinsam? Knobeln und Krimis sind euer Hobby? Willkommen bei den »Crime Runners«, wo ihr alle diese Fertigkeiten zum Einsatz bringen könnt. Keine Sorge: Wirklich eingesperrt werdet ihr nicht. Ihr seid mit dem Drahtzieher verbunden, der euch damit beauftragt, in Gebäude einzubrechen, Erpressungsmaterial zu finden und Politiker zu stürzen. In den teils düsteren, aber immer sorgfältig ausgestatteten Räumen habt ihr 90 Minuten, um den Fall gemeinsam zu lösen.

Einzelkämpferinnen werden hier nichts erreichen, denn um erfolgreich zu entkommen, braucht es Teamarbeit, Ideen und intensive Kommunikation. Gemeinsam nach Hinweisen suchen, Informationen zusammentragen und abgleichen. Jede und jeder hat andere Stärken: Geheimtüren müssen gefunden, Buchstabenrätsel gelöst werden, bevor die Sirene ertönt. Wer Sorge hat, eine Klaustrophobie zu entwickeln: Ihr habt keine Zeit, über das Setting nachzudenken, ihr habt einen Fall zu lösen. Der sinistre Kongressabgeordnete ist abgetaucht, aber warum? Es müssen Spuren in einem Hinterhof gesichert werden, aber der Sturm steht kurz bevor. Im chaotischen Forschungslabor sollt ihr die Blutprobe von »Patient Zero« identifizieren. Wo ist der Bomben-Blindgänger aus dem Zweiten Weltkrieg?

Der »Going Undergroud Room« gehört zu den bestbewerteten Escape Rooms in Europa, spannender geht's nicht! Unter Druck Höchstleistungen abliefern ist eine feine Freizeitbeschäftigung. Escape Rooms mit Schauspieleinlagen bietet locksandclocks.at. Empfohlen ab 14 Jahren. Suchtfaktor hoch!

SOUVENIRS SELBST GESTALTEN

VON SCHNEEKUGEL BIS KÜHLSCHRANKMAGNET

Restaurant »Halle« im Museumsquartier 7. Bezirk
paintyoursouvenir.at
diehalle.at
ÖPNV: Station Volkstheater

Natürlich mangelt es in Wien nicht an Souvenirshops, in denen ihr T-Shirts, Blechschilder und Stofftiere mit fragwürdigem Design erstehen könnt. Wenn euch der Sinn nach einem persönlichen Andenken steht, seid ihr beim Pop-up-Workshop von »Paint your souvenir« richtig. Er findet immer freitags um 15 Uhr statt, ihr braucht keine Vorkenntnisse und könnt einfach vorbeikommen. Melanie Eckl-Kerber, Gründerin von »Paint your souvenir« und »Art-Adventure«, will mit ihren Angeboten den (verschütteten) Draht zur Kreativität aktivieren.

Bei Schönwetter sitzt ihr auf der Terrasse des Lokals »Halle« mitten im Museumsquartier. Bei Schlechtwetter genießt ihr den Ausblick aus dem Glaskubus. Erfahrene Tutorinnen und Tutoren, meist Kunststudierende, helfen euch, eine Schneekugel, eine große Tasse für den Morgenkaffee mit Keramikstiften (ohne Brennen!) oder einen Kühlschrank-Magneten selbst zu gestalten, Material wird gestellt. Mit Schablonen und Schritt-für-Schritt-Anleitungen gelingt auch Menschen, die nicht Gustav Klimt heißen, ein persönliches Souvenir.

Ein Wiener Wahrzeichen? Eine Persönlichkeit, die ihr mit der Stadt und dem Besuch verbindet? Ihr macht so viele Souvenirs, wie ihr schafft, und nehmt sie gleich mit. Oder sie werden euch nachgeschickt. Bei Melanies Veranstaltungsformat Art-Adventure finden die Mal-Workshops an ungewöhnlichen Orten statt. Einmal im Monat geht es dann zum Beispiel auf den Donauturm, wo ihr bei einem Gläschen Prosecco die ganze Skyline Wiens in Augenschein nehmt.

WIEN
WIEN

HAUT- UND HAARPFLEGE SELBST MACHEN

KOSMETIKKURSE MIT PETRA LOLEY

Kosmetikmacherei, Schlösselgasse 17, 8. Bezirk
www.kosmetikmacherei.at
ÖPNV: Station Lange Gasse

Wer einmal damit anfängt, hört nicht mehr auf: Die Rede ist nicht von Lastern, sondern von selbst gemachter Kosmetik. Die Basics vermittelt Petra Loley seit 20 Jahren in ihren Kursen. »Wer einen Mixer halten kann, kann auch Kosmetik herstellen«, versichert die erfahrene Autodidaktin. Ihre beliebtesten Kurse sind »Seifen sieden« (Dauer: zwei Stunden) und der Basiskurs »Haut und Haar I«. Ist das Lieblingsrezept für Bodylotion, Nachtcreme und Co. einmal gefunden, können Einheimische sich die Grundzutaten in hoher Qualität immer wieder schicken lassen, auch Cremes mit Kaviarextrakt werden so zum Schnäppchen. Petra Loley fing Ende der 1990er Jahre an, sich via Internet in die englische und amerikanische DIY-Szene für Kosmetik einzuklinken. Sie probierte herum und verwarf so einiges, bis sie mit den Rezepten zufrieden war. Die Rosencreme ist inzwischen ein beliebter Klassiker.

An den Kursen nehmen maximal 12 Personen teil. Wer die Basis beherrscht, kann sich Spezialthemen wie Parfums, dekorativer Kosmetik oder Make-up zuwenden. Petra berät individuell zu Hauttypen, der Wirkung von Düften und Zutaten, verrät Grundrezepte und passt auf, dass alle Wirkstoffe richtig eingesetzt werden. Bei Haut und Haar I stellt ihr in fünf Stunden eure eigene Pflegeserie her (je 100 bis 250 Milliliter): Reinigungsmilch, Gesichtswasser, Shampoo, Badeöl, Tagescreme, Bodylotion und Lippenpflege. Um die Ecke vom Kursraum ist der Shop. Hier könnt ihr Bausätze für Produkte mitnehmen oder ein Buch, damit es auch zu Hause verlässlich klappt.

Kosmetikmacherei
Kaviarextrakt 15 ml
Kollagen
10ml 3,50 €
Kaviar
Extrakt
15ml 22,50 €
629 015
Kaviar
Extrakt

GEMEINSAM MIT DÜFTEN SPIELEN

WORKSHOP BEI PARFUMEUR YOGESH KUMAR

Kirchengasse 24, 7. Bezirk
www.dasparfum.com
www.dieparfuemerie.net
ÖPNV: Station Neubaugasse

Betretet ihr das Geschäftslokal von Yogesh Kumar, wissen eure Nasen erst nicht, wohin mit den vielen Eindrücken. Zu exotisch, zu undefinierbar sind all die Aromen, die hier den vielen schönen Fläschchen und Phiolen entströmen. Der freundliche Parfumeur ist ein Meister seines Faches und kreiert für euch maßgeschneiderte Düfte. Yogesh weiß viel über die Wirkung von Düften, sowohl an Menschen als auch in Räumen. Wusstet ihr, dass diese manchmal sogar über die Beziehungen von Menschen entscheiden können? Vielleicht habt ihr Lust, als Paar oder füreinander gemeinsam mit Yogesh euren »Beziehungsduft« zu gestalten? Als Parfum oder Raumduft, ganz nach euren Wünschen. Dieser Duft wird euch immer an diesen Menschen und an besondere gemeinsame Erlebnisse erinnern. Auch Hochzeitsdüfte hat Yogesh schon kreiert. In seinen »Nasen-Spiele«-Workshops könnt ihr experimentieren und euren eigenen Sinn für Düfte entwickeln. Wohlgerüche wecken positive Gefühle und helfen dabei, den Körper zu entspannen. So kann er seine Kräfte regenerieren und speichert diese Momente bewusst im limbischen System ab, das in einem der ältesten Teile unseres Gehirns für die Verarbeitung von Emotionen zuständig ist. Vereinbart rechtzeitig einen Termin, damit ihr schöne Duftstunden erleben könnt. Yogesh ist auch individuell buchbar, der Meister der Düfte kommt auf Wunsch ins Hotel oder zu euch nach Hause.

Drei Gassen weiter, Hermanngasse 7, mixt ein junges Team in der Bar »Die Parfumerie« beherzt Cocktails abseits des Mainstreams.

DuftGalerie

AUF SCHNÄPPCHENJAGD GEHEN

VINTAGE-PARADIES NAHE DER EINKAUFSMEILE

Felberstraße 3, 15. Bezirk
www.glasfabrik.at
ÖVPN: Station Westbahnhof

Die Mainstream-Einkaufsmeile Mariahilferstraße mündet direkt in den Westbahnhof. Mit etwas Glück könnt ihr dahinter ein Schnäppchen mit echter Patina erhaschen, denn im Vergleich zum Flohmarkt sind die Vintage-Stücke in der »Glasfabrik« handverlesen. Die Brüder Christoph und Marcus Matschnig gründeten ihr Geschäft 1998 auf dem Gelände einer ehemaligen Glasbiegerei in Ottakring. Nach 20 Jahren musste das Altwaren-Eldorado einem Wohnbauprojekt weichen und übersiedelte – ohne Namenswechsel – in eine ehemalige Druckerei der Österreichischen Bundesbahnen. In dem Sammelsurium alter Dinge könnt ihr euch stundenlang aufhalten, ohne je alles gesehen zu haben. Lampen, Möbel, Kunstgegenstände, Langspielplatten, unzählige schöne alte Aschenbecher oder Porzellan aus vielen Epochen stehen dicht an dicht, wiewohl gut sortiert auf 2.500 Quadratmetern zum Verkauf. Freundinnen von Vintage und Shabby Chic kommen auf den drei Ebenen garantiert auf ihre Kosten. Wurden am alten Standort nur Antiquitäten und hochpreisige Möbel verkauft, richtet sich das Angebot mit teils sehr günstigen Einrichtungsgegenständen heute auch an junge Leute, die sich gerne kreativ einrichten wollen, Stichwort Re-Use und Recycle. Die Stücke mit Geschichte von 1680 bis 1980 kommen zumeist aus Verlassenschaften oder über Einzelankäufe in die Glasfabrik. Wenn euch etwas gefällt, könnt ihr den Preis mit dem Personal verhandeln. Das macht Spaß und gehört hier zum Konzept! Ein Motto der Glasfabrikanten lautet: »Reisende soll man nicht aufhalten«, daher liefern sie schöne alte Stücke auch gerne an ihre neue Adresse im Ausland.

BEZIEHUNG VEREWIGEN

SCHÖNER STECHEN BEI TÄTOWIENERIN ESTHER BERG

Schuselkagasse 4/7-10, 15. Bezirk
dietaetowiener.at
ÖPNV: Station Johnstraße

Die schweren Jungs überlässt Esther Berg gerne ihren Kollegen im Studio. »Ich habe keine Lust, stundenlang großflächige Motive auf Männerrücken zu stechen«, sagt die Gründerin von »Die Tätowiener« resolut. Sie selbst hat sich auf Mädchensachen spezialisiert: feine Motive, Schriftzüge, Symbole. Zu ihr kommen oft Paare, Freundinnen oder Schwestern, die sich korrespondierende Tattoos stechen lassen möchten. Ideen und Inspirationen schicken ihr die Kundinnen meist vorab. Diese arbeitet die Tätowiererin zunächst digital aus, zieht Linien und Punkte, arrangiert Buchstaben und Schriftzüge auf dem Tablet und berät zu Größe und Anordnung des Wunsch-Tattoos. Dann wird das Motiv auf Folie gedruckt und probeweise platziert. Hier ist Fingerspitzengefühl und Augenmaß gefragt: »Frauenarme sind sehr unterschiedlich, drehen und biegen sich individuell. Da ist meine Erfahrung gefragt, damit das Motiv richtig sitzt und auch bei Bewegungen gut zur Geltung kommt.«

Wenn der nötige Mut gefasst ist, wird die Farbe eingebracht. »Ich steche ganz sanft«, betont Esther. Wie für das Leben, gibt es für Tattoos keine Generalprobe: Ob ihr die Farbe vertragt (der Schwermetallgehalt ist minimiert, aber unerlässlich), wie sich eure Haut verhält und wie schmerzhaft es wird, wisst ihr vorher nicht. Danach ist jedenfalls die Pflege wichtig. Esthers Fazit: »Frauen halten sich an unsere Empfehlungen und haben so lange Freude an ihrem Tattoo. Sie sind auch nicht so wehleidig wie Männer!«

DEN DRITTEN THERAPEUTEN BEFRAGEN

VIKTOR-FRANKL-MUSEUM

Mariannengasse 1, 9. Bezirk
www.franklzentrum.org
ÖPNV: Station Lange Gasse

Sigmund Freud, Alfred Adler und Viktor Frankl: Was hat es mit Wien nur auf sich, dass hier gleich drei psychotherapeutische Schulen gegründet wurden? Viktor Frankl, Begründer der »Dritten Wiener Schule«, nahm es jedenfalls mit Humor. Auf einem Comic verewigte er sich mit der charakteristischen Brille auf dem dritten Platz eines Siegertreppchens. Dieses und andere sinnfällige Exponate zur Person, zum Menschenbild und zur Methode Frankls versammelt das modern gestaltete kleine Museum in verschiedenen Themenräumen. Schon früh in seiner Karriere kümmerte sich der jüdische Arzt und Bergsteiger um suizidgefährdete Jugendliche. Er überlebte vier Konzentrationslager, verlor aber seine gesamte Familie. Frankl hatte keine Couch in der Praxis, aber er hatte Antworten auf wichtige Fragen des Lebens.

Bis zu seinem Tod 1997 lebte er in der Mariannengasse, wo er seine Thesen vom Menschen als geistbegabtem Wesen, das allen Widrigkeiten zu trotzen vermag, wenn es einen Sinn im Leben findet, weiterentwickelte. In der Nebenwohnung wurde ein inspirierender Ort eingerichtet – eine Tankstelle für die Seele. Am Ende des Rundgangs wartet das Restaurant »Zum guten Geist« mit Lesemenüs zu den Themen Arbeit, Leid, Schuld, Liebe und Trotzmacht des Geistes.

Tipp: »Trotzdem ja zum Leben sagen« ist eine gute Einstiegslektüre. Nach dem Input für Geist und Seele würde auch Frankl empfehlen, sich um die körperliche Dimension zu kümmern … vielleicht mit einer Tarte au Citron in der Patisserie »Crème de la Crème« um die Ecke.

EIN EIGENES BUCH BINDEN

»Sous Bois«, das Kompetenzzentrum für ausgesuchte Schreib- und Papierwaren aus verschiedenen Ländern (zum Beispiel Skandinavien, Frankreich, Japan) in der Neustiftgasse 33 (7. Bezirk), bietet regelmäßig Kurse zum Buchbinden an. Hier könnt ihr den passenden Rahmen für eure Reiseerinnerungen aus Wien selbst gestalten. Vermittelt werden Techniken aus aller Welt: vom japanischen Photoalbum bis zur koptischen Bindung. Aber auch modulare Notizbücher binden, das Reisebuch mit Knopfverschluss, Spielformen der Klebebindung oder eine Fächermappe. Die Kurse finden unter der Woche abends oder am Wochenende tagsüber statt und dauern rund drei Stunden. Das Material ist im Kurspreis enthalten. Kurs für fünf bis maximal sieben Personen.

Für die Verpflegung davor oder danach geht ihr eine Tür weiter ins »Sous Bois«-Café, den zweiten Teil der fröhlich-bunten Oase zwischen französischem und orientalischem Lebensgefühl. Mit kleinem Schanigarten vor der Tür, wenn die Sonne scheint.

➤➤Infos: www.sous-bois.at/collections/frontpage

MIT DEM LIEBLINGSMENSCHEN

Köstlichkeiten teilen

GEMMA YPPE!

EIN BUNTER, QUIRLIGER LIEBLINGSORT

Brunnengasse/Yppenplatz, 16. Bezirk
www.wien.gv.at/freizeit/einkaufen/maerkte/lebensmittel/brunnenmarkt.html
ÖPNV: Station Josefstädterstraße

Vielleicht solltet ihr nicht mit leerem Magen über den Brunnenmarkt und den Yppenplatz schlendern, aber hungrig werdet ihr sicher nicht bleiben. Taucht ein in den Brunnenmarkt, auf dem es nicht nur Wasabinüsse, Lokale oder teure Delikatessen gibt. Mit rund 160 Marktständen ist er einer der größten ständigen Straßendetailmärkte Europas. Zur einzigartigen Gustiermeile verschmolz er 2009, als er mit dem ehemaligen Yppenmarkt zusammenwuchs. Um den Speichelfluss in Gang zu bringen, könnt ihr an der Ecke Brunnengasse/Thaliastraße anfangen. Kurz vor dem Yppenplatz trinkt ihr rechterhand frisch zubereiteten Türkischen Kaffee, nebenan werden bei Abu Alnoor frische Falafel zubereitet.

Am Ende der Brunnengasse öffnet sich das Biotop Yppenplatz. Diese Dichte an tollen Lokalen (»Völlerei«, »mani«, »La Salvia«, »Ando«, »Sofi-Pizzeria«, »Cafe C.I. Club International«, »Wetter«) mit Outdoor-Sitzplätzen gibt es in Wien nicht so oft. Ein Sonnenfleckchen findet sich fast den ganzen Tag. Der alteingesessene Delikatessenhändler »Staud‘s« verkaufte in seinem Pavillon im Zentrum des Marktes Köstlichkeiten schon lange, bevor die Gegend hip wurde. Sein Bestseller ist die Wachauer Marillenmarmelade. Konfitüre heißt in Österreich umgangssprachlich weiterhin Marmelade und Aprikosen sind hierzulande Marillen, die besonders gut entlang der Donau in Niederösterreich wachsen. Einen Ausflug in diese pittoreske Genussgegend, zum Beispiel zur Marillenblüte, sei fortgeschrittenen Wien-Fans an dieser Stelle ans Herz gelegt. Staud‘s führt auch andere unverzichtbare Zutaten der Wiener Küche in den typischen sechseckigen Gläsern: Gurkerl,

STAUD'S

Zwetschkenröster, Schwarzwurzel, Pfefferoni oder Weichselkompott. Ein paar Schritte weiter befindet sich die »Brunnenpassage«, 2021 mit dem Europäischen Preis für Stadtkultur ausgezeichnet. Der offene Kunstraum bietet transkulturelle Begegnungen im bunten Bezirk Ottakring. Die Passage ist ein Projekt der Caritas, einer umtriebigen, modern denkenden Hilfsorganisation. Sie gestaltet urbane Realität an vielen Stellen in Wien und gibt Menschen Chancen, die nicht auf die Butterseite des Lebens gefallen sind. Witzige Upcycling-Produkte der sozialen Werkstätte »Wörkerei« (von Caritas und Volkshilfe) werden gleich gegenüber verkauft. Das ursprünglich aus Syrien stammende Unternehmen »Noble Soap«, das verschiedene Varianten der traditionellen Aleppo-Seife aus Olivenöl und Lorbeer anbietet, eröffnete 2021 am Brunnenmarkt 116 einen Flagship Store. Ahmad Andoura verkauft hier neben der klassischen Seife auch andere hochwertige, nachhaltige Kosmetikprodukte. Samstags könnt ihr euch am Stand von »La Salvia« zum Thema Zitrusfrüchte beraten lassen oder direkt neben dem Lastenfahrrad frisch Gepresstes von Ali Juus‘ Saftbar schlürfen.

Die Stadtbrauerei Ottakringer hat eine fesche Zapfstation in der Reihe gegenüber, direkt neben der Paradice Boardgame Bar, wo guten Brettspielen gehuldigt wird, und ihr Gelegenheit zum Digital-Detox bekommt. Nicht zu vergessen: Auch den Yppenplatz hält die Magistratsabteilung 48 sauber, die sich um den anfallenden Müll der Markttage kümmert. Hier arbeiten definitiv ein paar Wiener Originale mit Schmäh.

DIE STRASSEN WIENS

SIND MIT KULTUR GEPFLASTERT.

DIE STRASSEN ANDERER STÄDTE

MIT ASPHALT.

(KARL KRAUS, SCHRIFTSTELLER
UND JOURNALIST)

EINE REPUBLIK FÜR ALLE BEREISEN

DIE R.O.P.P.-FLAMMKUCHEN-AKADEMIE

Republic of Patta Patta
Margaretenstraße 60, 5. Bezirk
www.ropp.at
ÖPNV: Station Ziegelofengasse

Gastro-Quereinsteiger Christian hat 2019 mit seiner »Republic of Patta Patta« einen Ort gegründet, an dem alle Weltoffenen willkommen sind: ob straight, queer oder kinky. In erster Linie kommen die Gäste, weil sie die Flammkuchen-Kreationen aus dem Holzofen (»Freche Marille« oder »Radolfszell«!) lieben oder aber Vorarlberger »Käsknöpfle«. Käse und auch Schnaps kommen vom Kompetenzzentrum für Vorarlberger Spezialitäten in der Nachbarschaft, dem Greißler »Grundbira« (www.grundbira.at). Einmal am Tag läuft hier – neben Disco, Seventies und Schlager – jedenfalls der Miriam-Makeba-Song »Pata Pata«, weil die Sängerin für Toleranz und Menschenrechte steht.

In zweiter Linie kommen die Gäste, weil hier niemand Neigung oder Fetisch verstecken muss. Sei es »Fetisch am Tisch«, wo Jungs in Leder und Latex servieren, oder Karaoke am Mittwoch. Wer sich unsicher ist, entscheidet spontan. Sonntagnachmittags werden Kaffee und Kuchen aufgefahren, Dragqueen »Candy Licious« serviert, macht eine Show oder beantwortet Fragen zu Diversity.

Weil viele wissen wollen, wie das mit der knusprigen Tarte flambée funktioniert, hat der Republiksgründer eine Flammkuchen-Akademie ins Leben gerufen. Samstags könnt ihr ab vier Personen mittags vorbeikommen. Nach dem Welcome-Drink geht es an den Teig und das körperlich anspruchsvolle Auswalken. Die Flammkuchenprofis vermitteln alle Kniffe (kurz und heiß backen!), anschließend werden bewährte Rezepte oder Eigenkreationen gemütlich verspeist.

ropp.at
republic of patta patta

MIKROBEN TOBEN LASSEN

GEMÜSE FERMENTIEREN MIT INGRID PALMETSHOFER

blubbergarten.work

Darf's heute mal was Fermentiertes sein? Die alte Kulturtechnik erlebt seit einigen Jahren eine Renaissance. Nicht nur die Spitzengastronomie, auch eine wachsende Do-it-yourself-Community greift die Fermentation wieder auf. Milchsaures Fermentieren ist eine sehr alte und einfache Methode, Gemüse haltbar zu machen – sozusagen Kochen ohne Herd. Ingrid Palmetshofer hat 2016 den »Blubbergarten« gegründet, ein Kompetenzzentrum rund ums wilde Fermentieren mit School of Fermentation, Experimental Kitchen und Equipment Lab. In ihren Workshops teilt die autodidaktische Fermentista ihren profunden Erfahrungsschatz ganz lebensnah. Nach dem Basic-Workshop werdet ihr sicher Lust bekommen haben und in der Lage sein, einfach weiter zu experimentieren. Was ihr dazu braucht, sind geeignete Gefäße und Gewichte, Biogemüse, Salz und Zeit.

Im Basis-Workshop sind die Motive der Teilnehmenden so vielfältig wie die Geschmacksempfindungen. Diese werden gleich als Erstes angeregt, wenn die Blubbergarten-Chefin eigene Erzeugnisse auf die Tische stellt und zum Kosten einlädt. Sauer, vollmundig, unerwartet, wohltuend, wild, geschmeidig, süß – ganz einig wird sich da kaum jemand im Urteil. Je nach Gruppendynamik geht das Theorie- und Praxisprogramm weiter. Fermentieren bedeutet, die unsichtbare Welt der Mikroorganismen, die an und in Gemüse wohnt, für eigene Zwecke in Dienst zu nehmen. Das passiert, indem zunächst Milchsäurebakterien gefördert werden. Mit Salz und Luftabschluss werden ihnen die Verhältnisse im Glas besonders kommod gestaltet, was sie uns mit dem feinen Blubbern und Zischen der Vergärung belohnen. Beim

Tasting, beim Fragenstellen und Krauthobeln kommen verschiedene Menschen zusammen: Selbermacherinnen, die haltbar machen wollen, an gesundheitlichen Aspekten Interessierte, Genussmenschen oder Gartenmenschen mit Ernteüberschuss.

Alle wollen in fünf Stunden lernen, wie fermentieren funktioniert, wobei aus Missgeschicken natürlich oft am meisten gelernt wird.

Ingrid weiß, wie man typische Probleme behebt, worauf bei der Ausstattung geachtet werden muss, welche Anschaffung sich lohnt und welche nicht. Und wie wir zuverlässig erkennen können, ob auch ältere Fermente noch genießbar sind. Der Basic-Workshop bietet eine praxisnahe und solide Einführung. Im Advanced-Format könnt ihr lernen, wie man pikante Saucen und Würzmittel fermentiert. Beide finden wochenends in der zentral gelegenen »Mentorix«-Arbeitsstätte (Lange Gasse 30, 8. Bezirk) statt. Demo-Classes und Tastings finden in Kooperation mit verschiedenen Einrichtungen regelmäßig an unterschiedlichen Orten statt. Sie eignen sich für alle noch nicht ganz Entschlossenen, die ins Thema reinschnuppern und reinkosten möchten. Und ganz Fortschrittliche können mit dem Blubbergarten auch erste Schritte ins Solarkochen machen. Tipp: Ingrid Palmetshofer hat ein buntes Buch übers Fermentieren geschrieben, mit vielen Rezepten (Geschmacksrevolution Fermentieren, Residenz Verlag). Wenn ihr in Wien Fermentiertes essen wollt, empfehlen wir euch das »Bruder« (bruder.xyz) von Lucas Steindorfer und Hubert Peter in der Windmühlgasse 20 (6. Bezirk). Vom Aperitiv bis zur Nachspeise kommt hier fancy Eingelegtes, Angesetztes und Fermentiertes auf den Tisch.

HIER IST PLATZ FÜR EUER LIEBLINGSBILD

#LIEBLINGSMENSCHENUNTERWEGS

IM KAFFEEHAUS SITZEN

TRADITIONELL, THIRD WAVE UND TO GO

Einmal quer durch Wien

Was wäre Wien ohne seine Kaffeehäuser? 2011 wurde die »Wiener Kaffeehauskultur« in die Liste des immateriellen Kulturerbes aufgenommen. Und langsam, aber sicher hält der Geschmack des servierten Getränks auch mit dem Ruhm der Institution Schritt. Das Interieur wird so beschrieben: »Typisch für ein Wiener Kaffeehaus sind Marmortischchen, auf denen der Kaffee serviert wird, Thonetstühle, Logen, Zeitungstischchen und Details der Innenausstattung im Stil des Historismus.« Das Kaffeehaus ist ein Ort, »in dem Zeit und Raum konsumiert werden, aber nur der Kaffee auf der Rechnung steht«, heißt es weiter in der UNESCO-Begründung.

Der Journalist Alfred Polgar (1873-1955) hat Sinn und Zweck am besten auf den Punkt gebracht: »Ins Wiener Kaffeehaus geht man, wenn man allein sein will, dazu aber Gesellschaft braucht.« Im Kaffeehaus wurde geschrieben, diskutiert, agitiert, getrunken, geraucht und Politik gemacht. Zunächst nur Männern vorbehalten, durften Frauen ab 1856 auch hinein. Jede Wienerin und jeder Wiener hat ein Lieblingscafé. Wir haben ein paar für euch zusammengestellt.

1. EIN TOLLES PAAR

Der obigen Beschreibung entspricht das denkmalgeschützte Café Sperl (cafesperl.at). Im Eckhaus an der Gumpendorfer Straße 11 tagten in den Nischen schon die Secessionisten. Es ist ein beliebter Drehort mit Billard-Tisch. Schaut euch bitte das Semperdepot um die Ecke an, wenn ihr da seid. Schräg gegenüber bietet das Phil, Verlag, Buchhandlung und Café in einem, einen gelungenen Gegenentwurf zur Kaffeehaus-

CAFÉ
CAFÉ
Sperl
CAFÉ
Sperl

Klassik (phil.info) mit Vintagemöbeln, Faema 61-Maschine und Flipper in der Gumpendorfer Straße 10-12 (beide 6. Bezirk)

2. FENSTERBRETT-FURORE

Der selbst geröstete Kaffee wird in der Griechengasse 10 (1.Bezirk) einfach beim Fenster hinausgereicht, im Café Comet könnt ihr draußen auf dem gepolsterten Fensterbrett sitzend Kaffee aus Single-Origin-Bohnen, geröstet von »Fürth«, trinken (Kirchengasse 44, 7.Bezirk) fenster.cafe und www.fuerthkaffee.at/cafe-comet-wien

3. FRANKREICH UND FIFTIES

In der Innenstadt liegt très français, stilsicher und wetterfest in der Passage des Palais Ferstel das Bistrot und Café Beaulieu (Herrengasse 14, 1.Bezirk, www.beaulieu-wien.at). Im ganzen Stadtgebiet findet ihr Filialen der Aida, die meisten im Fifties-Style mit rot gepolsterten Bänken. Der Familienbetrieb mit lokaler Produktion (aida.at) brüht nur mittelguten Kaffee, die Cremeschnitten sind aber top. Wenn ihr nichts Süßes wollt, nehmt euch einen zuckerlrosa Hoodie mit dem Schriftzug »Oida« mit.

4. DAS CHAMÄLEON

Seit 1922 gibt es das Alt Wien mit seinen plakatierten Wänden und rot tapezierten Bänken (www.kaffeealtwien.at). Es verwandelt sich über den Tag nahtlos vom Kaffeehaus in ein Beisl (Bäckerstraße 9, 1.Bezirk). Auch das Café Bellaria (seit 1870) funktioniert von Frühstück bis Cocktail. Gastronom David Figar und Ex-Fußballer Rubin Okotie haben das Lokal hinter dem Naturhistorischen Museum (Bellariastraße 6, 1. Bezirk) mit coolen Lichtskulpturen aufgefrischt.

5. KLEINE PAUSE

Die beste Coffee Break mit Third Wave Coffee (filtered oder Espresso) mit bester Beratung durch Inhaber und Chefbarista Gio macht ihr in der Berggasse 37 (9. Bezirk).

VEGAN GENIESSEN

➛ Echte Farbenfreude lebt man bei »The Lala« (7. Bezirk), schon die rosa Fassade sticht aus der grauen Reihe heraus. Die Schwestern Cecilia und Susanna gründeten bereits die erfolgreichen »Veganista«-Eissalons. Fröhliches Personal bereitet tolles Essen.
www.the-lala.com

➛ Auch Veganer träumen manchmal von Ripperln oder Burgern. Rein pflanzlich, frisch, gesund und umweltschonend werden diese im »Forky's« (9. Bezirk) serviert. Macht glücklich und satt.
www.forkys.eu

➛ Es soll Gäste geben, die bereits auf dem Weg vom Bahnhof zum Hotel bei der »Swing Kitchen« einen Zwischenstopp einlegen. Irene und Charly Schillinger legen Wert auf Umweltschutz, gesunde Ernährung, Fairtrade und Fairplay. Das schmeckt man. Viennaburger statt Wienerschnitzel!
www.swingkitchen.com

➛ Wer vegetarische und vegane Spitzengastronomie liebt, kommt am »Tian« (10. Bezirk) von Paul Ivić nicht vorbei. Ihr wählt zwischen einem 4- oder einem 8-Gänge-Menü, der Abend garantiert ein einzigartiges lukullisches Erlebnis.
www.tian-restaurant.com

GEDIEGEN SCHMAUSEN AM EISTEICH

WIENERWALD-GASTHAUS IM GRÜNEN

Klee am Hanslteich, Amundsenstraße 10, 17. Bezirk
www.klee.wien
ÖPNV: Station Hanslteich

Ein Besuch am Hanslteich führt euch zurück in die Frühzeit der Kühlschränke, die in Wien von älteren Semestern manchmal heute noch »Eiskasten« genannt werden. Zur Kühlung von Lebensmitteln und Getränken wurden im 19. Jahrhundert große Eisblöcke in Kellern, Kühlhäusern und isolierten Schränken wie auch der Schank von Gastwirtschaften eingelagert. Der Hanslteich ist einer von ursprünglich drei im Wienerwald angelegten Eisteichen. Der von Frau Hansen nämlich, die dort Eisblöcke ausstechen durfte.

Heute werden im Gasthaus »Klee am Hanslteich« gediegene Wiener Küche und mediterrane Spezialitäten gereicht. Klassiker wie Tafelspitz und Wiener Schnitzel stehen auf der Karte, aber auch saisonale Spezialitäten (Kürbis, Bärlauch, Spargel und so weiter). Der Gastgarten ist teilweise unter einem Baum und teilweise überdacht. Die Veranda kann winddicht, aber nicht blickdicht verschlossen werden. Vier türkis gestrichene Strandkörbe sind wie gemacht für euren Besuch zu zweit. Allerdings ist die Sicht auf den Teich auf der Terrasse oder im Wintergarten besser. In dem Gewässer spiegeln sich an schönen Tagen der Himmel und die mächtigen Bäume am Ufer wider. Enten ziehen ihre v-förmige Spur auf dem grünen Gewässer hinter sich her. Sie sonnen sich oder trocknen das Gefieder auf den Stämmen und Ästen im Wasser.

Nach dem geruhsamen Essen führt euch ein längerer Verdauungsspaziergang via Stadtwanderweg Nummer 3 auf den stadteinwärts führenden Teil der Allee des Schwarzenbergparks und über die Waldegghofgasse bis zur Straßenbahn-Endstation in Neuwaldegg (Linie 43).

ESSBARE STADTSPAZIERGÄNGE

MIT EINER KRÄUTEREXPERTIN DURCH WIEN

wildes-wien.at

Berühmt ist Wien für seine historischen Bauten, Kunst und Kultur – aber vielleicht wollt ihr zwischendurch euren Fokus verändern und entdecken, was in der Millionenstadt nicht nur in den Ritzen wächst, gedeiht und gut schmeckt? Die Kräuter- und Ernährungsexpertin Alexandra Rath nimmt euch mit auf eine Reise durch die Parks und »G'stettn« von Wien. Dabei lenkt sie die Aufmerksamkeit auf essbares Grünzeug in erstaunlicher Vielfalt. Ihr könnt euch mit ihr an verschiedenen Stellen der Stadt treffen, denn ihr geschultes Auge findet überall etwas Genießbares. Beim Karl-Marx-Hof (19. Bezirk), dem einst größten Gemeindebau der Stadt, findet sie gesunden Roten Klee. Vor dem Löwengehege im Tiergarten Schönbrunn (13. Bezirk) zeigt sie euch, wo der Löwenzahn sprießt. Auch der Volksgarten, ein schöner Park zwischen Hofburg und Burgtheater (1. Bezirk), ist ein beliebter Treffpunkt – nicht nur um an Rosen zu schnuppern oder im Pavillon einzukehren. Alexandra will den Blick für die vielfältige Pflanzenwelt schulen. Ganz nebenbei erfahrt ihr einiges über die Sehenswürdigkeiten auf dem Weg. Es gelingt ihr gekonnt, Historisches, Botanisches und Kulinarisches in kleinen Häppchen zu servieren. Die Tour mündet in ein Picknick, bei dem ihr vorbereitete Kräuter-Speisen verkosten könnt.

Wenn ihr Lust auf einen Kochworkshop habt, seid ihr bei Alexandra ebenfalls richtig. In ihrem Garten in Ottakring (16. Bezirk) zeigt sie euch, was später in den Topf kommt. Danach wird in der gemütlichen Küche gemeinsam ein Sechs-Gänge-Menü zubereitet. Die Termine fragt ihr am besten auf ihrer Webpage an! Ab vier Personen oder nach Absprache.

GLÜCK AUS MEHL UND WASSER FORMEN

BACK-WORKSHOPS BEI KRUSTE & KRUME

Heumühlgasse 3/1/1, 4. Bezirk
krusteundkrume.at
ÖPNV: Station Preßgasse

Wo andere ein Hufeisen aufhängen, hat die Gründerin des Backateliers »Kruste und Krume«, Barbara van Melle, ein Kipferl angebracht. Es soll nicht nur Glück bringen, sondern auch an die Zeit erinnern, als die Wiener Feinbäckerei Weltruf genoss. Was hier Kipferl, Beugerl oder pauschal Mehlspeise heißt, nennt der Rest der Welt noch heute Viennoiserie. Es liegt wohl nicht nur am Kipferl, dass die Teilnehmerinnen und Teilnehmer der Backworkshops glücklich aussehen. In einer heimelig warmen Backstube wird geknetet und geformt, mit roten Backen und mit Mehl bepudert. Vielleicht hat auch der Teigteiler »Fortuna« seinen Anteil daran. In drei bis vier Stunden könnt ihr hier jedenfalls ganz unterschiedliche Dinge ausprobieren: Handgebäck, Brot für Eilige, Roggensauerteig, Brioche, Apfelstrudel oder glutenfreies Brot.

»Brotbacken ist wie Therapie, sagen uns die Leute oft«, berichtet Barbara van Melle. Schon oft hat sie beobachtet, wie stolz, geerdet und gleichzeitig verzaubert die Menschen wirken, wenn aus Mehl und Wasser Brot entsteht. Dazu braucht es nur Zeit, die richtige Temperatur, Mikroorganismen aus der Umgebung und die eigenen Hände. Am Ende des Workshops habt ihr immer etwas in der Hand, das ihr angreifen, sehen, riechen und natürlich essen könnt.

Tipp: In ihrem Buch »Vom Kipferl zum Croissant« bereitet Barbara van Melle die Geschichte und Vielfalt der Wiener Backwaren auf. Die Autorin legt übrigens Wert darauf, dass alle Rezepte auch in einer herkömmlichen Einbauküche funktionieren.

MINI
Bäckerspezial
Type
R 960

MIT SCHNECKEN IN DIE ZUKUNFT DENKEN

ESSBARE GROSSSTADT ROTHNEUSIEDL

Rosiwalgasse 44, 10. Bezirk
gugumuck.at
www.zukunftshof.at
ÖPNV: Station Blumental

Eine Wiener Weinbergschnecke kriecht zehn Meter in der Stunde. Ihr Züchter Andreas Gugumuck von der Wiener Schnecken Manufaktur geht und spricht weitaus schneller. 2008 übernahm der Neo-Landwirt den Hof seiner Großmutter im Wiener Süden. Vor 300 Millionen Jahren lag diese Gegend im Urmeer Thetis, und vor einigen hundert Jahren war Wien eine Schneckenmetropole. Die Weinbergschnecke war zunächst Nahrung für die breite Masse und wurde dann Teil der kreativen Auslegung katholischer Fastengesetze. Gugumucks Schnecken ernähren sich auf dem Acker zwischen Holzbrettern von lokal angebauten Gemüsen und Kräutern, bevor sie selbst »geerntet« werden. Zwischen Mai und Oktober gibt es Führungen am Schneckenfeld »from farm to fork«, im Hofladen sind sie dann variantenreich und essfertig in Gläsern zu erwerben. In der Gartenbar gegenüber gibt es kleine Gerichte mit und ohne Schnecken, einen tiefgrünen Kräuterdudler und immer wieder einen »Rebentanz« zwischen den liebevoll gestalteten Ständen in Schneckenhausform.

Mit Gleichgesinnten hat Andreas Gugumuck auch den traditionsreichen »Haschahof« nebenan übernommen und gestaltet ihn zum »Zukunftshof« im Stadterweiterungsgebiet Rothneusiedl um. Wie wird sich die wachsende Stadt ernähren? Wie und wo wird gebaut, gearbeitet und gelebt? Die Zukunftsdenkerinnen und Visionäre finden in allen Himmelsrichtungen und auf der Zeitachse Perspektiven, weil Rezepte auch in der Vergangenheit und andernorts entwickelt worden sein könnten. Diese gilt es anzupassen und zu ergänzen. Immer wieder finden im Future Garden Konzerte und Kinovorführungen für die Community statt.

EINEN GUTEN TROPFEN TRINKEN

WEINBARS VON KONVENTIONELL BIS KRASS

Überall in Wien

In Wien wird Wein nicht nur besungen, sondern auch getrunken. Neben Hauerweinen beim Heurigen legen wir euch Weinbars ans Herz, in denen der Tag ausklingen kann. Oder ihr tankt Energie vor einem abendlichen Kulturevent.

1. Matthias Pitra und Steve Breitzke waren Sommeliers in der Sterne-Gastronomie und machen in der Porzellangasse 53 (9. Bezirk) mit dem »Mast« (mast.wine) ihr eigenes Ding. Die Karte umfasst rund 700 Bio-Weine zumeist aus Österreich und Frankreich. Mittags und abends kocht Lukas Lacina hochwertige Bistroküche auf legere Weise. Jedenfalls einen Tisch reservieren.

2. Das »Heunisch & Erben« (heunisch.at) bezieht sich auf eine Stammsorte wichtiger Rebsorten namens »Heunisch«. Als Erben treten Robert Brandhofer und Markus Gould an, die 2017 ihre Trinkstube der Herzen in der Landstraßer Hauptstraße 17 (3. Bezirk) aufsperrten. Michael Gubik kocht auf Drei-Hauben-Niveau (abends drei bis acht Gänge). Vergnügt euch in der Schatztruhe für Weinkenner und -kennerinnen.

3. Die Betreiber des Bierlokals »Brauhund« haben auch das Pub »Flagship Rudolfsheim« in der Märzstraße 25 (15. Bezirk) mit Natural Wine und Spezialbieren eröffnet. Dazu gibt es verschiedenen Quiches. Als Aperitif empfehlen wir Gin mit selbst gebrautem Tonic Water. Dienstag ist Spritzertag (flagshipbar.business.site).

4. Einer der besten Köche Wiens, Konstantin Filippou, betreibt »O boufés«. Hier könnt ihr kleine Gerichte und wilde Weine verkosten (konstantinfilippou.com/oboufes). Nicht günstig, aber köstlich.

Lammidia

UNVERSCHWENDET GENIESSEN

KÖSTLICHES AUS GERETTETEM OBST UND GEMÜSE

Schwendermarkt, 15. Bezirk
www.unverschwendet.at
ÖPNV: Station Rustengasse

Seit 2015 retten die Geschwister Cornelia und Andreas Diesenreiter überschüssiges Obst und Gemüse vor dem Verderben. Der engagierte Verein, der anfangs in einem kleinen Marktstand auf Zuruf spontane Hundertschaften von Kirschen, Beeren, Melonen, Tomaten und Holunder in kleine Chargen köstlicher Konserven verwandelte, hat sich zum Social-Profit-Feinkost-Unternehmen gemausert. Über fünf Millionen Kilogramm Obst und Gemüse in bester Qualität wurden ihnen seither angeboten, aus verschiedenen Gründen unverkäuflich und kurz davor entsorgt zu werden: zu groß, zu klein, zum falschen Zeitpunkt reif, nicht mit der richtigen Farbe oder Form, mit optischen Makeln, in einem Sturm zur Unzeit abgeerntet oder einfach im Überschuss.

In der kleinen Hexenküche am Schwendermarkt entwickeln die Diesenreiters heute neue Rezepte für Marmeladen, Sirupe, Senf, Chutneys, Saucen, Ketchup, Kompott und Eingelegtes. Logistik und Lager hingegen werden auf dem Großgrünmarkt Inzersdorf abgewickelt und bewährte Rezepte in Kooperation mit Produktionsfirmen umgesetzt. Wer hier ein Gläschen kauft, kann sicher sein, dass Landwirte und Bäuerinnen für getane Arbeit entlohnt und Essbares nicht einfach entsorgt wurde. Kommt gustieren und greift zu: von Omas Marmelade bis zu ausgefransten Foodie-Goodies als Mitbringsel.

Tipp: Wenn ihr in Wien in einem Park Früchte an den Bäumen hängen seht, die essbar aussehen, schlagt nach bei mundraub.org. Maulbeeren, Dirndl und Kriecherl sind köstlich und oft zu haben.

Aus gerettetem Obst & Gemüse

IM BAUCH VON WIEN

DIE ACHSE WIEN–BEČ IN DER MEISELMARKT-HALLE

Meiselmarkt, 15. Bezirk, und Hannovermarkt, 20. Bezirk
ÖPNV: Station Johnstraße

Wien gehört nicht nur den Wienern. Und das ist gut so. Menschen mit internationaler Geschichte bereichern die Stadt menschlich, sprachlich und kulinarisch. Typisch für Wien ist die große Community aus dem ehemaligen Jugoslawien. Die Achse Wien–Beč wurde bereits im Vielvölkerstaat der Habsburgermonarchie angelegt, aufgefrischt wurde sie in den 1960er Jahren, als mit Anwerbeabkommen Gastarbeiter und Gastarbeiterinnen rekrutiert wurden. Lange gab man sich von offizieller Seite überrascht, dass die Menschen aus der Türkei und Jugoslawien nicht nur hart arbeiteten und sich danach wieder verabschiedeten. Dass sie Familien gründeten, Angehörige nachholten, kleine Geschäfte, Kulturvereine, Lokale etablierten, sich von der Heimat emanzipierten, aber Deutsch vielleicht nicht richtig gut lernten. Auf ein Museum der Migrationsgeschichte wartet Wien schon lange, das Andenken an die Gastarbajteri wird vorerst nur virtuell bewahrt: gastarbajteri.at. Auch vor dem Balkankrieg Anfang der Neunzigerjahre flüchteten viele nach Wien. In der Mentalität ähneln sich Wiener und »Ex-Jugos« wohl oft mehr als Wienerinnen und Tirolerinnen. Man trifft sich im urbanen Lebensstil, beim guten Essen, Arbeiten und Feiern. Und Nachnamen auf -ić sind heute kein Grund mehr, nach der Herkunft zu fragen. Dennoch ist die gemeinsame Geschichte leichter zu erschmecken als zu erzählen.

Hajde (mo)! Geht auf die Suche in der Märzstraße, der äußeren Mariahilferstraße, der Favoritenstraße und der Ottakringerstraße. Horcht, wie sich das Sprachspektrum verändert.

Bei jedem Wetter könnt ihr die Meiselmarkt-Halle (15. Bezirk) besuchen. Schön ist sie nicht, und Vegetarier und Veganerinnen sind

Ges. Ripperl
SCHWEINEFLEISCH

woanders besser aufgehoben, aber sie ist ein wichtiger, multiethnischer Bauch von Wien. Die Dreifaltigkeit sind Ćevapčići, Pljeskavice und Würste. Ein Kilo Ćevapčići bei »Yasin & Fes« sind 36 Stück. Ihr könnt sie in der Fleischerei aber auch einzeln und fertig gebraten kosten. Nebenan bei der »Fleischerei Matejić« hängen über der Theke Knoblauchzöpfe neben Kulen (Paprikawurst), Suvi Vrat (Schopfbraten) und Čajna Kobasica (Teewurst). An den verschiedenen Ständen türmen sich orientalische, südländische und levantinische Lebensmittel. Der Bäcker Özdemir grenzt nahtlos an den Bäcker Schrott. Alles ist üppig und überquellend: Blumen und Gemüseberge, Wannen mit Hühner-Innereien, aufgeschichtete Keulen, faschierte Haufen, Hühnerfüße, Pferde-Leberkäse, armlange Beiriede. Wer alles durchkostet, braucht anschließend sicher einen Slivovitz (Zwetschgenschnaps).

Unter freiem Himmel lockt der Hannovermarkt (20. Bezirk) die balkanische Seele. Auch hier sind die Standler und Standlerinnen sehens- und hörenswert. Vor allem, wenn die Marktzeit vorangeschritten ist und sie ihre Ware losschlagen wollen. Nur 400 Meter entfernt zieht ihr euch in den wuseligen Brigittapark zurück und beobachtet weiter die Leute. Samstags ist überall der reichhaltigste Markttag, weil das Standard-Sortiment noch um Ware der Marktfahrer und Marktfahrerinnen erweitert wird. Vidimo se!

Tipp: Pinđur vom Hersteller »Bio-Balkan« (www.biobalkan.info) schmeckt auch zu Käse und Brot köstlich, und im »Pitawerk« (www.pitawerk.at) gibt es die besten Pitas in Wien (Mariahilferstraße 147, 15. Bezirk).

ES GIBT WENIGE STÄDTE,

DIE MEHR **GLÜCK ERZEUGEN**

ALS SIE VERBRAUCHEN –

UND **WIEN** GEHÖRT

ZU DIESEN GANZ WENIGEN.

(RAOUL AUERNHEIMER,
JURIST, JOURNALIST UND SCHRIFTSTELLER)

VON OMA VERWÖHNEN LASSEN

GENERATIONENCAFÉ MIT KUCHEN-VOLLPENSION

Schleifmühlgasse 16, 4. Bezirk
www.vollpension.wien
ÖPNV: Station Johannesgasse

Häkeldeckchen, Nippes und gestickte Bilder? Omas Wohnzimmer in Reinkultur wurde an den Wänden im Generationencafé »Vollpension« liebevoll arrangiert. Es laufen Schlager, und der Duft von frisch gebackenem Kuchen zieht durch den Raum. In Kombination mit dem Mutterwitz und der Lebenserfahrung sämtlicher Omas und Opas, die hier mit Tablett und Kuchenmesser hantieren, wird jeder Besuch in der Vollpension zum Wohlfühlaufenthalt. Denn was machen Großeltern? Sie verwöhnen einen nach Strich und Faden, sind manchmal ein bisschen streng, aber meist wohlwollend. Und sie haben Zeit, Kuchen zu backen, die gemeinsam einfach besser schmecken. Das Projekt hat zwar einen ernsten Hintergrund, aber die Umsetzung immer ein Augenzwinkern: Das Unternehmen »Vollpension« will die Kluft zwischen den Generationen schließen, einen Erfahrungsraum für Jung und Alt eröffnen und dabei Altersarmut und Vereinsamung begegnen.

Hier sind die Gäste meist zerstreuter als das Personal. Die Omas und Opas haben den brummenden Laden fest im Griff. Vier bunt beleuchtete Backrohre sind im Dauereinsatz, weil es den ganzen Tag Kuchen gibt. Das »Erbschleicher«-Frühstück für zwei kommt auf einer dreistöckigen Etagère daher – mit allem – und dazu könnt ihr ohne schlechtes Gewissen morgens schon Eierlikör trinken. Die Omas und Opas bespielen mit ihren jungen Helferlein auch Backakademie, Take-Away und Lieferservice. Dazu gibt es saisonal die Weihnachtskeks-Soforthilfe. Wenn ihr noch könnt, nehmt Kuchen mit, ein Geschirrtuch mit aufgedrucktem Rezept oder eine der kleidsamen Rüschenschürzen, die auch über den vollgefutterten Bauch passen.

EDELSAUER MACHT LUSTIG

ESSIG, ÖL, BIER UND KAFFEE BEI GEGENBAUERS

Waldgasse 10, 10. Bezirk
www.gegenbauer.at
ÖPNV: Station Wielandplatz

Warum Erwin Gegenbauer beschloss, im Familienunternehmen gegen den Strom zu schwimmen, erzählt er euch genauer, sobald ihr an seinem großen Esstisch Platz genommen habt. Die darauffolgende Führung und Verkostung der Wiener Essigbrauerei, die sich Transparenz und Purismus auf die Fahnen schreibt, findet im Innenhof und in den Kellern statt. Im Jahr 1929 begann Erwins Opa im Ziegelbau von 1899 als »Sauerkräutler«. Der Betrieb expandierte, bis sich der Enkel fragte, ob es nicht mit weniger Chemie besser ginge. Seither tüftelt der autodidaktische Brauer, Müller und Röster, wie Roh- und Wertstoffe am besten harmonieren. Und wie er sortenreinen Geschmack sauer konservieren kann. Im Hof steht ein riesiges Essigfass mit Buchenspänen, in dem langsam der Hausessig heranreift. Wenn Erwin Gegenbauer die Worte »langsam« und »Handarbeit« hört, wittert er Qualität.

Im verfliesten Gewölbe, das einst die Gurkerl-Abfüllstation beherbergte, sind heute Frühstücks- und Besprechungsraum, Küche, Shop und Rezeption untergebracht. Die Gegenbauers betreiben nämlich auch ein urbanes Agriturismo mit zehn Gästezimmern. Die Hühner am Dach liefern die Eier, das Brot bäckt Daniela Gegenbauer selbst. Die Marmelade und die Gurkerl sind selbst gemacht, die Kaffee-Blend selbst geröstet.

Neben Essig wird Bier gebraut und Öl gemahlen, alles auf kleinem Raum. Das Lager mit hunderten Glasballons und Fässern ist weitaus größer. Danach heißt es, Handrücken freimachen und tropfenweise köstliche Essigextrakte riechen und schmecken. Sauer macht lustig!

BANKERL SITZEN IN DER BUSCHENSCHANK

WIENER WEIN UND SELIGKEIT

Buschenschank in Residence, Langackergasse 5A, 19. Bezirk
www.jutta-ambrositsch.at
www.wien.gv.at/umwelt
ÖPNV: Station Grinzing

Wien ist die einzige Millionenstadt mit eigenem Weinbau. Das hat sich herumgesprochen. Der Weinort Grinzing (19. Bezirk) nimmt seit einigen Jahren Schaden an seinem wientypischen Image. Von Busladungen an Gästen bleibt die »Buschenschank in Residence« von Jutta Ambrositsch bisher indes verschont. Ihre handwerklich gemachten Weine wachsen großteils am Wiener Nussberg. Um diese auszuschenken, mietet sich die Winzerin tageweise in Gaststätten ein, die wie aus der Zeit gefallen wirken. Wie sie diese Orte aufspürt und die Eigentümer überredet, bleibt das Geheimnis der Quereinsteigerin.

Aber der Reihe nach: Im Stadtgebiet wächst Wein auf rund 700 Hektar Anbaufläche, großteils Weißer. Typisch sind zum Beispiel Grüner Veltliner und Gemischter Satz, bei dem im Gegensatz zur Cuvée mehrere Sorten im Weingarten wachsen, die gemeinsam geerntet und vergoren werden. Als Heuriger wird der im November frisch gekelterte Wein bezeichnet. Der Heurige ist aber auch das Lokal, in dem eigener Wein ausgeschenkt wird. Gekennzeichnet wird das über dem Hoftor mit einem ausgesteckten Reisigbuschen, daher der Name Buschenschank. Tafeln in den Weinbauorten (zum Beispiel Grinzing, Sievering, Stammersdorf, Oberlaa) zeigen an, welcher Heurige »ausg'steckt« hat.

Bei der »Buschenschank in Residence« werden am Buffet ausschließlich kalte Speisen angeboten. Ob Blunze, Bratlfett oder Käseteller – alles ist bio und stammt von kleinen Produzenten. »Ringelspiel«, »Rakete« oder »Fürchtegott« heißen ihre Tropfen, die ihr unterm

Zwetschgenbaum mit Blick auf Weinreben genießen könnt. Gerne kommt die Wirtin an die grün lackierten Tische, um die Weine zu beschreiben. Cola oder Bier gibt es nicht, dafür alte Sodasiphons, die bei unsachgemäßer Bedienung für eine erste Ganzkörpererfrischung sorgen. Und das traditionelle Jugendgetränk »Kracherl«. Wenn euch eine Dame mit Bauchladen einen frischen Schaumbecher oder in Schokolade getauchte Früchte anbietet, greift gerne zu. Hier wirkt das Traditionelle nicht aufgesetzt, sondern es wird einfach gepflegt, was sich bewährt hat: Gemütlichkeit, Genuss und im Gastgarten sitzen.

Wenn ihr es nicht zeitgerecht zu den Residenz-Tagen schafft, gibt es viele weitere wunderbare Heurige. Jede Wienerin und jeder Wiener hat einen Liebling. Wenn sie nicht bequem und barrierefrei erreichbar sind, werden sie auch nicht von Menschenmassen gestürmt – wie der »Zawodsky« am Kaasgraben in Grinzing. Jutta Ambrositsch empfiehlt auch den »Maly« in Grinzing, den »Hengl-Haselbrunner« mit Musik am Dienstag (Oberdöbling) und den »Kroiss« in der Sieveringer Straße (alle 19. Bezirk). Eine Top-Aussicht bietet das versteckte Weingut »Wailand« am Nussberg (19. Bezirk). Wer nur etwas trinken will, findet an der minimalistischen Rebstock-Bar Platz.

Nicht wundern: Selbstbedienung beim Essen ist normal, der Wein wird in Karaffen zum Tisch gebracht. Die edleren Tropfen sind in Bouteillen abgefüllt. Zum Durstlöschen bestellt gemeinsam einen Liter Weißwein, einen Liter Soda, und los geht's. Jedes Jahr findet im Herbst zudem der »Wiener Weinwandertag« statt (mit eigener App). Entlang der Strecken durch die Weinberge laden Winzerbetriebe und Heurige zur Rast. Die Ein- und Ausstiegspunkte sind öffentlich erreichbar.

ISS EIN ICE ICE BABY

➳ **Ferrari Gelato:** Superfruchtige (vegane) Beerensorten und das Gianduja-Eis sind ein Gedicht. Glücklicherweise hat Pietro Viscovich seinen Eissalon um eine italienische Pasticceria wie in Triest erweitert.
Annagasse 3-3a, 1. Bezirk, www.ferrari-gelato.at

➳ **Gelato Carlo:** Die Produktion ist nur durch eine Glasscheibe vom Verkaufsraum getrennt. Der Affogato wird gerne mit Pistazieneis gemacht. Schwere Empfehlung!
Hamerlingplatz 2, 8. Bezirk, gelatocarlo.com

➳ **Eissalon K. Tichy:** Mit einer Eismaschine, fünf Sorten und einem Eiswagen begannen Kurt und Marianne Tichy 1952. 1955 öffnete der Eissalon am Reumannplatz. Die beiden haben erfolgreich eine österreichische Nachspeise vereist: die Marillenknödel.
Reumannplatz 13, 10. Bezirk, www.tichy-eissalon.at

➳ **Eis-Greissler:** Mit Milch aus der Buckligen Welt gemacht und an praktischen Stellen der Stadt zu kaufen: etwa auf der Mariahilferstraße (6. Bezirk), beim Schottentor (1. Bezirk), auf der Prater-Hauptallee (2. Bezirk). Probiert mal Mohn. Ziegenkäse ist für Mutige.
eis-greissler.at

EINE WURST BRATEN LASSEN

AM WÜRSTELSTAND KOMMT WIEN ZUSAMMEN

Überall in Wien

Traditionell wird der Würstelstand aufgesucht, wenn der bereits übermäßig gelöschte Durst nach einem stabilisierenden Essen verlangt. Die Wirte und Wirtinnen beherrschen schwierige Gespräche ebenso gut wie der Barmann im Hollywood-Film. Meist ist es ab dem späten Vormittag bis in die frühen Morgenstunden geöffnet – ein süßes Frühstück gibt es nicht. Immer öfter werden orts- und klientelspezifische Extras wie vegetarische Wurst, Champagner oder Currysauce angeboten.

1. Das Motto bei »Alles wurscht« lautet Traditionen brechen. Am Börseplatz 1 (1. Bezirk) gibt es Champagner, frittierte Calamari, Beef Tatar und Fermentiertes.

2. Ob nach dem Defilée der Figuren der »Ankeruhr« um 12 Uhr mittags oder nach Mitternacht: am Würstelstand »Am Hohen Markt« stärkt sich ein buntes Publikum aus den umliegenden Kanzleien und dem nahen Ausgehviertel Bermudadreieck. Alles mischt sich bei Spezialbieren, Riesen-Hotdog und Almdudler (Hoher Markt, 1. Bezirk).

3. An einem Ende der Ausgehmeile Stadtbahnbögen liegt der »Würstelstand LEO« an der Grenze vom 9. zum 19. Bezirk. Hier wird ungerührt vom Tag und Nacht brausenden Verkehr gebraten. Es gibt klassisch »Eitrige« (Käsekrainer) mit Senf, Brot und Bier. Oder Chili-Mex, vegetarische Bosna und Pferdeleberkäse-Semmel (wuerstelstandleo.at, Döblinger Gürtel 2, 19. Bezirk).

4. Der Newcomer »Wiener Würstelstand« (www.wienerwue.at) in der Pfeilgasse 1 (8. Bezirk) legt in Sortiment und Optik ein Schäuferl nach: Augustinerbräu, vegane Bosna, Himbeerkracherl. Sehr instagrammable vor der Riesen Street Art Mauer und sehr köstlich.

Würstelstand
PUNSCH
€ 3,90

KNÖDEL KOCHEN LERNEN

SEMINARE MIT WIRTIN STEFANIE HERKNER

»Zur Herknerin«, Wiedner Hauptstraße 36, 4. Bezirk
zurherknerin.at
ÖPNV: Station Paulanergasse

Die Wiener Küche ist ohne Knödel undenkbar. Vier Tage in der Woche sperrt Stefanie Herkner ihr Wirtshaus auf, um ihre Gäste mit authentischem Wiener Soulfood zu verwöhnen. An den Schließtagen gibt sie regelmäßig Knödelseminare für acht bis 14 Personen und bringt Küchen-Laien in fünf Stunden das Knödelkochen bei. Und das Beste daran: Keiner geht hungrig nach Hause, weil Theorie und Praxis immer in einem dreigängigen Menü münden. Auf dem Programm stehen Grießnockerl als Suppeneinlage, flaumige Spinatknödel auf Semmelknödel-Basis und Topfenteig als Hülle für Fruchtknödel oder mit Nougatfüllung (außerhalb der Obstsaison). Stefanie Herkner ist tief mit dem gastronomischen Gedächtnis der Stadt verwoben, schon ihre Eltern führten viele Jahre gemeinsam das Beisl »Zum Herkner« in Dornbach. 2013 trat sie spät, aber überzeugt dieses kulinarische Erbe an und sperrte »Zur Herknerin« auf. In einem ehemaligen Installateurgeschäft kocht sie seither – immer wieder Seite an Seite mit ihrer Mama – unverfälschte Gerichte, die nach Zuhause schmecken. In ihren Seminaren vermittelt sie jahrzehntelange Küchenerfahrung mit überlieferten Rezepten. Wenn man einmal weiß, wie es geht, »sind Knödel vom erforderlichen Können her in der Mitte. Equipment benötigt man kaum: nur Zutaten, Zeit, Hände und einen Kochtopf«, erklärt die Wirtin. Ihre Philosophie lautet ohnehin, dass es für gutes Essen nicht viel braucht. Berühmt ist sie für ihre Rindssuppe, doch wenn sie vorher weiß, dass Gäste kommen, die kein Fleisch essen, macht sie auch eine

Zur
Herknerin
Die Küche mit dem großen Herz!
Murauer

klare Suppe aus Wurzelwerk für die Grießnockerl.

Ihre Wiener Küche ist eine, die »sicher von Frauen stammt«, meint sie. »Es sollte eigentlich Hausfrauenkost statt Hausmannskost heißen. Das Restlverwerten und aus allem noch etwas machen, das haben Köchinnen erfunden. Überfluss und Wegwerfgesellschaft sind mir komplett fremd.« Semmelknödel sind vermutlich entstanden, weil Gebäck sehr wertvoll war und Frauen sich überlegt haben, was man aus altbackenen Semmeln und Salzstangerl noch Gutes machen kann. Serviettenknödel macht Stefanie Herkner gar nicht, weil »das für mich geschummelt ist«. Und auch wer auf Schnitzel hofft, ist bei ihr an der falschen Adresse: »Gebackenes ist geil. Jeder liebt Schnitzel. Aber das gibt es bei mir nicht, weil es so viele andere gute Sachen gibt.«

Sie selbst hat viel von älteren Köchinnen gelernt, etwa Strudelteig selbst machen oder Kaspressknödel in Tirol, aber das ist eine andere Geschichte. Zu ihren Knödel-Seminaren finden sich ganz verschiedene Menschen ein: Tante und Nichte, Oma und Opa, Pärchen, Freundinnen, sogar aus Australien war mal jemand da. Entstanden ist die Idee für die offenen Kurse aus ihrem Logo mit den beiden prominenten Knödeln auf dem Tablett.

Ihrer Erfahrung nach brauchen manche Lehrlinge mehr Gefühl, andere eher ein genaues Rezept und die dritte Sorte eine Mischung aus beidem. »Wenn man es mal checkt, kann man Semmelknödel komplett nach Gefühl machen«, macht sie den künftigen Knödel-Köchen und -Köchinnen Mut. Das Geheimnis der Wiener Küche ist für sie der pragmatisch-weibliche Ursprung und »es ist eine ehrliche, zutiefst saisonale, lokale Küche, auf die wir heute ohnehin viel mehr setzen sollten«.

MIT DEM LIEBLINGSMENSCHEN

Seite an Seite
Kultur erleben

IM URBANEN WOHNZIMMER FLÄZEN

LEBENSGEFÜHL IM MUSEUMSQUARTIER (MQ)

Museumsplatz 1, 7. Bezirk
www.mqw.at
ÖPNV: Station Volkstheater

Alle Jahre wieder stimmen die Wienerinnen und Wiener über die Farbe ihrer Wohnzimmermöbel mitten in der Stadt ab, auf denen ihr euch auch mal ausstrecken könnt: Die »Enzis«, vom Architekturbüro PPAG entworfene patente Stadtmöbel, bestimmen den Look & Feel des Museumsquartiers. Benannt wurden sie nach der pionierhaften Prokuristin der Betreibergesellschaft des Kulturquartiers, Daniela Enzi, die sich nach all den Querelen, die der Errichtung in den einstigen kaiserlichen Hofstallungen vorausgingen, bestimmt eine Pause verdient hat.

Zwei Pferdeköpfe über den großzügigen Torbögen wachen weiterhin über ein Kulturquartier, das zwar ummauert, aber dennoch durchlässig ist. Wer mit seiner Begleitung hier nichts Spannendes findet, sollte seine Beziehung überdenken, denn auf 90.000 Quadratmetern bietet das MQ dem Programm von 60 Einrichtungen Raum.

Wenn ihr das Museumsquartier Ecke Burggasse – gegenüber vom Volkstheater – betretet, verschafft euch der erste Wegweiser einen Überblick. In diesem Hof sind das Architekturzentrum Wien (AzW), das Designforum Austria und das »Combinat«, ein Raum für zeitgenössische Mode und Design, untergebracht. Vielleicht trifft eines davon gleich euer Interesse. Wenn ihr danach eine Stärkung braucht, ist die Linsensuppe im »Corbaci« unter dem Keramikhimmel der türkischen Künstlerin Asiye Kolbai-Kafalier das Richtige für euch.

Im nächsten, dem großen Hof ist im anthrazitfarbenen Block das Museum für Moderne Kunst (mumok) untergebracht, im weißen

Wien
hat Kultur.
WIENER STADTWERKE

Gebäude das Leopold-Museum. Dazwischen erstreckt und versteckt sich die Kunsthalle (Tipp: Der Museumsshop ist eine Fundgrube für ausgefallene Geschenke) und das Tanzquartier Wien. Das mumok zeigt die Klassische Moderne, aber auch Avantgarde und hat eine Daueraus-

stellung zum Wiener Aktionismus (für Hartgesottene). Die Sammlung Leopold zeigt österreichische Kunst aus der zweiten Hälfte des 19. Jahrhunderts und der Moderne mit Big Shots wie Schiele, Kokoschka und Klimt. Neben den großen Kulturtankern werden aber auch die gesamte Front, die Stallungen, Reithallen, Höfe, Mauernischen und Gänge des Quartiers bespielt.

Neu ist die Aussichtsplattform MQ-»Libelle« auf dem Dach der Sammlung Leopold, die kostenlos zwischen 10 und 22 Uhr mit einem Lift zu erreichen ist und den Blick über bekannte Baudenkmäler und historische Hochhäuser wie den Ringturm mit der Antenne, die das Wetter vorhersagt, und das Hochhaus in der Herrengasse mit seinem stufenförmigen Abschluss offenbart.

Wer mit Kindern unterwegs ist, ist im Hof nahe dem Eingang Mariahilferstraße richtig, wo Galerie und Shop der »Komischen Künste«, das »Zoom«-Kindermuseum und das »Dschungel«-Kindertheater eingemietet sind. Ein Kiosk führt Eis, alle sind auf Kinder eingestellt, es ist immer Gewimmel, immer Gesellschaft und meist noch eine Attraktion aufgebaut.

Pflicht: Den Fotoautomaten im Haupthof für einen schwarz-weißen Streifen Erinnerung an gemeinsam verbrachte Zeit nutzen. Im Sommer vor dem Öffnen der Museen einfach auf ein Enzi lümmeln oder in einem der zahllosen Lokale frühstücken. Etwas versteckt ist die Bibliothek des AzW: Der sechseckige Ziegelbau mit Glasdach ist ein wunderbarer Ort zum Lesen!

RESTKARTEN IN DEN BUNDESTHEATERN ERGATTERN

Aufführungen in der Kulturmetropole Wien in Burg- und Akademietheater, Kasino am Schwarzenbergplatz, Staatsoper und Volksoper sind natürlich jeden Cent wert. Wenn ihr aber spontan das Programm studiert, kommt ihr über die Abendkassa zum Schnäppchenpreis in die Bundestheater. Brezelt euch ein bisschen auf, und los geht's.
Für ausgewählte Vorstellungen in Burg- und Akademietheater gibt es Last-Minute-Tickets (25 Prozent Ermäßigung) eine Stunde vor Beginn. Bis 30 Minuten vorher gibt es U27-Tickets für zehn Euro. Für 13 Euro in der 13. Reihe gilt das Angebot an jedem 13. des Monats im Burg- und Akademietheater – ausgenommen Premieren und Sonderveranstaltungen. Noch günstiger sind Stehplätze um vier Euro – ebenfalls an der Abendkassa.
Stehplätze für die Staatsoper gibt es ab zwei Stunden vor der Vorstellung um zehn Euro an der Stehplatzkassa, unter 27-Jährige können Generalproben zum gleichen Preis besuchen und erhalten kurzfristig Restplatzkarten für gekennzeichnete Produktionen um 20 Euro.

➳ www.bundestheater.at

STREET ART SCHAUEN

FREILUFTGALERIE AM DONAUKANAL UND IN GANZ WIEN

viennamurals.at
www.wienerwand.at
www.callelibre.at

Glücklicherweise wird die Gestaltung trister Feuermauern immer öfter in die Hände von kreativen Profis gelegt. Wenn ihr mit wachen Augen durch Wien streift, werdet ihr den Stil einiger Fixgrößen bald erkennen (Golif, Frau Isa, Stinkfish, Jana & JS, Aldo Giannotti oder Nychos). Beim »Calle Libre«-Festival machen auch internationale Street Artists die Stadt bunter. Solltet ihr selbst zur Spraydose greifen wollen, stehen euch die legalen »Wiener Wände« zur Verfügung, gekennzeichnet mit einer Taube. Wichtig ist, Respekt für bestehende Werke zu zeigen und nur Beschädigtes, das aber vollständig zu übermalen. Auch eine Frage des Respekts: Mache ich es tatsächlich besser als die Person, die vor mir da war?

Seit 2016 betreut Thomas Grötschnig mit »Vienna Murals« eine Plattform für Street Art in Wien. Inzwischen hat der in Kärnten aufgewachsene Wiener fünf Guidebooks über die Bundeshauptstadt herausgebracht und einige Kulturwege zusammengestellt, die in die 22 Bezirke abseits der Innenstadt führen, zum Beispiel nach Floridsdorf (21. Bezirk) oder Rudolfsheim-Fünfhaus (15. Bezirk).

Eine kompakte Freiluft-Galerie ist der Donaukanal – etwa ab der U-Bahn-Station Rossauer Lände bis zur Urania auf beiden Uferseiten. Zum Abschluss gönnt ihr euch einen Sundowner auf der Terrasse des »Motto am Fluss« beim Schwedenplatz oder im Rooftop-Lokal »Le Loft« des »Sofitel« an der Taborstraße mit Rundumblick auf die Stadt und Blick auf die quietschbunte Deckengestaltung der Schweizer Künstlerin Pipilotti Rist.

Tipp: Das virtuelle Museum des Hinaufschauens versammelt künstlerische Fassadengestaltungen von 1919 bis 1989 (www.raufschaumuseum.at).

IM KULTURTANKER ANKERN

MITTAGSFÜHRUNG IM KUNSTHISTORISCHEN MUSEUM

Maria-Theresien-Platz, 1. Bezirk
www.khm.at
ÖPNV: Station Burgring

Wie nähert man sich einem Kulturtanker mit Kunstkammer, üppiger Gemäldegalerie und berühmter Antikensammlung? Das Kunsthistorische Museum Wien vereint in der App »KHM Stories« Touren, die euch quer durchs Museum lotsen: zum Beispiel »Schnee von gestern?! – Klima, Kunst und Katastrophen«, »Love Kills – Der Tod macht Schluss«, »Building Bodies – Körper, Kult und Kunst« oder »Backstage«. Kinder können nach Monstern forschen oder Superkräfte suchen. Ab zwei geliehenen Audioguides ist der Tarif bereits ermäßigt.

Kompakt und dennoch mit genug Raum für eigene Fragen ist die Mittagsführung. Dienstags und donnerstags um 12:30 Uhr werden 30 Minuten lang zwei, drei wechselnde Bilder besprochen, an denen ihr sonst vielleicht vorbeimarschiert wärt. Zu diesen Werken erfahrt ihr viel: Wer hat sie beauftragt, wer hat sie geschaffen, welche Technik kam zum Einsatz, in welcher Tradition stehen sie? Was wissen wir über den Künstler und die dargestellte Situation, welche Hinweise sind im Bild versteckt? In der Gemäldegalerie laden euch taubenblaue Bänke ein, die Bruegel-Wimmelbilder wie »Heimkehr von der Jagd«, »Turmbau zu Babel«, »Bauernhochzeit« oder »Kinderspiele« zu studieren. Oft lässt der Maler ein Lebewesen zu euch herausschauen. Wir lieben auch Rubens »Haupt der Medusa«, »Judith und Holofernes« von Lucas Cranach, Caravaggios Licht- und Schattenwerk »David mit dem Haupt des Goliath«, »Die heilige Margarete« von Raffael oder die Frucht- und Gemüsegesichter von Arcimboldo. Es gibt viel zu entdecken, legt los!

WEAN HEAN

WIENERLIED, DIALEKTKUNDE UND WORTRAUSCH

www.rosenstolz.at
www.weanhean.at

Wien ist eine Stadt, die sogar eine eigene Musikgattung hat – das Wienerlied. Wer zuhört, riskiert einen Blick in die Seele der Stadt. Gelegenheiten dafür gibt es bei den einschlägigen Festivals »Wean hean« und »Rosenstolz« im Frühsommer und im Herbst. Im Weinhaus Pfandler »Zu den Seligen Affen« (12.Bezirk), im »Porgy & Bess« (1.Bezirk), im »Theater am Spittelberg« (7.Bezirk) oder im »Schutzhaus Zukunft« (15. Bezirk) treten immer wieder Musiker und Musikerinnen auf, die sich selbstbewusst des Wiener Dialekts – vom hochnäsigen Schönbrunner-Deutsch bis zum Straßen-Jargon – bedienen. Was ist das Wienerlied? Es stammt aus Wien, hat die Stadt zum Thema oder besingt charakteristisch Wienerisches. Wikipedia bleibt hier vage und das ist gut so: Unter der Rubrik findet vieles Platz.

Mit Geige und Gitarre wandern »Die Strottern« auf alten Spuren mit zeitgemäßen Texten. Ernst Molden spielt in vielen verschiedenen Formationen und tut sich immer wieder mit dem »Nino aus Wien« zusammen. »Wiener Blond« bringen uns verlässlich zum Schmunzeln, »Granada« laden zum Mitsingen ein. Die Yasmin Hafedh aka Yasmo serviert u.a. mit der Klangkantine. Die Geschwister Esra und Enes Özmen liefern als »EsRap« Crossover vom Feinsten. »Kreiml und Samurai« haben ein Lied namens »Wiener« geschrieben. »5/8 in Ehr‘n« spielen Wiener Soul. Sebastian Janata von »Ja Panik« taut mit seinem Vater als »Worried Man and Worried Boy« Klassiker der vorigen Generation auf. Und wenn ihr Walther Soyka auf der Knöpferlharmonika spielen hört, geht euch verlässlich das Herz auf. Oder ihr verliert es gleich: an Wien.

WIEN VON OBEN SEHEN

➳ Tummelplatz: Dachboden
Die Bar des 25-hours-Hotels mit Terrassenblick Richtung Stadtzentrum ist wie ein Zirkus gestaltet und bei Partypeople und Hotelgästen ungebrochen beliebt. Am besten mit Kaffee starten und bis zum Abendbetrieb durchmachen. Sonntags Kater-Brunch mit Bloody Mary, French Toast und DJ. Lerchenfelderstraße 1, 7. Bezirk, www.25hours-hotels.com

➳ Old School: Turmcafé
Auf die 150 Meter Höhe geht es mit dem Expresslift ganz schnell, für den 360-Grad-Blick auf das wachsende Wien und Umgebung habt ihr gemütlich Zeit. Einmal im Lokal um die eigene Achse dauert 29, 39 oder 52 Minuten. Bei jedem Wetter zwischen 11:30 und 23:30 Uhr möglich. Donauturmplatz 1, 22. Bezirk, www.donauturm.at

➳ Extravagant: 360°-Ocean-Sky
Restaurant & Bar bieten einen Rundumblick auf das Herz von Wien 365 Tage im Jahr, morgens bis nachts. Panoramalift in den 11. Stock, einkehren auch ohne Aquazoobesuch möglich. Frühstück opulent, Lunch oder Dinner zeitgemäß, Café und Drinks. Fritz-Grünbaum-Platz 1, 6. Bezirk, www.oceansky.at

INSTAGRAM
#LIEBLINGSMENSCHENUNTERWEGS

IHR ENTDECKT MIT DIESEM BUCH EURE STADT NEU?
DANN VERLINKT EUCH UND EUREN LIEBLINGSMENSCHEN
AUF INSTAGRAM:

#LIEBLINGSMENSCHENUNTERWEGS
#LIEBLINGSMENSCHENWIEN

LEIWAND INS KINO GEHEN XL

DAS GARTENBAUKINO – EINE SIXTIES-IKONE

Parkring 12, 1. Bezirk
www.gartenbaukino.at
ÖPNV: Station Stadtpark

Ein Traum für Cineasten: Das Gartenbau ist nicht nur eines der leiwandesten Kinos in Wien, sondern auch eines der ältesten und letzten Einsaalkinos der Stadt. Es fasst 736 Menschen und hat eine 100 Quadratmeter große Projektionswand, auf der auch 70-mm-Filme und Cinerama gezeigt werden können. Neben dem roten Vorhang wird immer wieder der rote Teppich ausgerollt. Es ist einer der Schauplätze des Filmfestivals »Viennale« (www.viennale.at), das im Herbst jedes Jahr Hollywood-Glamour in die Stadt bringt. 2021 wurde es stilsicher renoviert und technisch runderneuert. Ein Teil der Kosten wurde von Fans im Crowdfunding aufgebracht. Architekt Manfred Wehdorn hat das Premierenkino klassisch zurückgebaut. Im Barbereich wurden alte Fliesen freigelegt, die Schank in den Originalzustand zurückversetzt. Schön auch die florale Deckenbemalung, im Damen-WC wurde ein historischer Schminktisch restauriert, im Foyer Lampen aus den 1960er Jahren rekonstruiert. Im Zuge der Sanierung wurde auch eine Wand mit lauter »Spartacus«-Filmplakaten vom Abend der Wiedereröffnung im Dezember 1960 entdeckt, als Kirk Douglas persönlich zu Gast war. Hier könnt ihr Matinee, Spezialprogramm, Publikumsgespräch, Kinoabend oder Festival genießen.

Für Cinephile seien drei weitere Kinojuwelen der Stadt samt gut sortierter Bar genannt: das »Metro Kinokulturhaus« (1. Bezirk) des »Filmarchiv Austria« (www.filmarchiv.at), das »Filmcasino« (5. Bezirk) als zweites Einsaal-Programmkino im Sixties-Style (www.filmcasino.at) und das »Filmmuseum« (1. Bezirk) im Bauch der Albertina (www.filmmuseum.at). Ein tiefschwarzes »Invisible Cinema«, in dem nichts vom Film ablenkt.

GEMEINSAM LACHEN

KLEINKUNST IM KABARETT NIEDERMAIR

Lenaugasse 1A, 8. Bezirk
niedermair.at
ÖPNV: Station Rathaus

Kabarett heißt in Wien auch Kleinkunst, was sich letztlich von der Größe des Veranstaltungsraumes ableitet. Eine besonders kleine, aber als Sprungbrett für viele heimische Künstlerinnen und Künstler bedeutsame Bühne ist seit 1983 das »Kabarett Niedermair« mit genau 100 Plätzen. »Unser Ruf ist größer als das Haus«, heißt es auf der Webseite etwas kokett. Aber es wird einen Grund haben, warum auch bekannte Big Shots hier gerne ihre Premieren aufführen.

Der kleine Raum erhält Sicht und Akustik auf jedem Platz exzellent und die Beziehung zu den Darstellerinnen und Darstellern unmittelbar und intensiv. Mit den rundum verstärkten Events in hell erleuchteten riesigen Hallen, wie es deutsche Kabarettgrößen pflegen, ist das zentral gelegene, fast höhlenhafte, intime (aber gut gelüftete) Ambiente einfach nicht zu vergleichen. Kindertheater und Kabarett samt Barbetrieb sind die Standbeine des Traditionshauses in der Josefstadt. Also nehmt jemanden mit, den ihr mögt, und lacht gemeinsam. Oder staunt, ärgert euch, schimpft und lacht dann wieder. Entweder kennt ihr schon einen der Namen von einem Gastauftritt im Fernsehen, oder ihr lasst euch von der Late-Night-Vorstellung überraschen, die oft Nachwuchskräfte bestreiten. Um die Ecke könnt ihr euch im »Café Eiles« oder in der urigen »Gastwirtschaft Blauensteiner« (nur Barzahlung!) stärken.

Tipp: Um die Ecke in der Buchfeldgasse führt Geri Kozbach-Tsai die (von außen) unscheinbare Bar »Tür 7« (tuer7.at). Ein Kleinod, das wie eine Wohnung gestaltet ist. Reservieren ist Pflicht, wenn ihr einen Drink nach euren Vorlieben gemixt haben wollt.

EINE RUNDE JOSEFSTADTISIEREN

VOLKSKUNDEMUSEUM MIT CAFÉ UND PARK

Laudongasse 15-19, 8. Bezirk
volkskundemuseum.at
ÖPNV: Station Lange Gasse

Im Bezirk Josefstadt wohnen Wiener Hofratswitwen mit Studierenden und jungen Familien Tür an Tür. Hier treffen bürgerliche, liberale und grün-bewegte Wienerinnen und Wiener aufeinander und machen das Beste daraus. Diese Essenz aus Bewahrenswertem und Modernem wird im Volkskundemuseum, Ecke Lange Gasse/Laudongasse, gut spürbar. Beim Shabby Chic macht das Gebäude hundert Punkte. Objekte aus dem Archiv werden hier gerne gegen den Strich gebürstet, vom Staub befreit und in modernen Kontext gesetzt. So gelingen beinahe ohne Budget ambitionierte Ausstellungen, und auch ein Museum für queere Kunst, Kultur und Geschichte hat hier Platz gefunden. Vorne ist das Haus gut angebunden, quietscht doch die Straßenbahnlinie 5 um die Kurve. Auf der Hinterseite verzaubert euch der kleine Schönborn-Park.

Im Café Hildebrandt, benannt nach dem Architekten des barocken Gartenpalais, stärkt ihr euch mit Kaffee sowie saisonal, bio und regional gekochten Speisen. Dabei sitzt ihr wahlweise auf bunten Fauteuils oder Schulmöbeln. Auf der Gartenterrasse – ein Gunstplatz im dicht verbauten Bezirk – wärmt euch noch die Nachmittagssonne.

Nach dem Museumsbesuch schlendert ihr die Lange Gasse weiter Richtung Josefstädter Straße. An der Ecke Maria-Treu-Gasse, beim »Sneak Peak« auf die Piaristenkirche, bleibt ihr kurz stehen. Sie wurde ebenfalls von Johann Hildebrandt geplant. Auf der Hauptstraße wie in den Seitengassen erfreut ihr euch am Sortiment etlicher kleiner Geschäfte, Lokale und Boutiquen statt großer Food- und Modeketten.

REN

AUF DEN SPUREN VON BEETHOVEN

WIENER WOHNSITZE DES KOMPONISTEN

Probusgasse 6, 19. Bezirk
www.wienmuseum.at/de/standorte/beethoven-museum
ÖPNV: Station Döblinger Bad

In seinen 35 Wiener Jahren hat Ludwig van Beethoven viele Spuren hinterlassen, ist er doch während dieser Zeit sagenhafte 70 Mal umgezogen. Der Komponist pendelte zwischen der Innenstadt und den damals noch nicht eingemeindeten Orten außerhalb der Stadtmauer.

Bei fortschreitender Taubheit und ungebrochener Schaffenskraft war Beethoven sicher ein schwieriger Nachbar, hatte aber auch Fans, die ihn lebenslang unterstützten. Auf seine Spuren heftet ihr euch mit einem Spaziergang durch den Heiligenstädter Park, vorbei am Denkmal, das ihn im Gehrock zeigt, die Hände hinter dem Rücken verschränkt, mit umtoster Mähne und Miene. Am Fuß der Hohen Warte stand damals ein Kurhaus, mit dessen Mineralwasser Beethoven seine Leiden zu lindern hoffte. In Gehweite ist auch das Haus am Pfarrplatz, in dem er Fragmente der »Eroica« schrieb.

Das Museum im alten Bäckerhaus in der Probusgasse ist liebevoll und klug gestaltet (aber nicht barrierefrei). Auch eingefleischte Kenner werden Neues über den Menschen, seine Werke, Wohnverhältnisse, die Aufführungspraxis, Gewohnheiten und Beziehungen erfahren. Zwei Häuser weiter könnt ihr euch beim schönen Heuriger Muth stärken.

Die Gedenkräume im »Pasqualatihaus« im ersten Bezirk sind auch nicht barrierefrei und vergleichsweise blutleer. Dafür enthüllt sich hier, dass die berühmte Bagatelle vermutlich nicht »Für Elise« bestimmt war. Mit einem »Musicus«-Ticket des Wien-Museums könnt ihr euch auch die Wohnungen von Haydn, Schubert und Johann Strauß ansehen.

BEETHOVEN

IN DEN FILMKLASSIKER EINTAUCHEN

»THE THIRD MAN« IN STADT UND KINO

www.burgkino.at
www.drittemanntour.at
3mpc.net
ÖPNV: Station Burggasse

Harry Lime ist ein Bösewicht, wie er im Buche steht. In dem von Graham Greene nämlich. In Wien handelt der Amerikaner nach dem Zweiten Weltkrieg auf dem Schwarzmarkt mit gestrecktem Penicillin, und niemand weiß, wie viele Leben er auf dem Gewissen hat. Holly Martins, ahnungsloser Saubermann und Schriftsteller, möchte seinen Jugendfreund Lime in Wien besuchen. Bei der Ankunft erfährt er, dass dieser kurz zuvor bei einem Verkehrsunfall umgekommen ist. Martins beginnt nachzuforschen. Das Burg-Kino zeigt den Klassiker bis heute mehrmals in der Woche (dienstags mit deutschen Untertiteln).

Der Schwarz-Weiß-Film ist für Wien- wie auch für Film-Fans ein Muss. 1949 erschienen, zeigt er einige ikonische Plätze in der Stadt (Riesenrad, Hofburg, Mölkerbastei, Albertinaplatz) nicht herausgeputzt, sondern von Bomben beschädigt. Ein rarer Anblick, der einen im Vergleich zum Anblick heute staunen macht. Gezeigt wird Wien zu der Zeit, als die vier Alliierten (USA, Sowjetunion, Frankreich und England) die Stadt gemeinsam verwalteten. Der Untergrund war – im doppelten Wortsinn – groß und geräumig: Die Hälfte des Films spielt in der Wiener Kanalisation, und dennoch wurde er ein Hit. Zittern müsst ihr im Film nicht, aber es besteht die Gefahr, dass ihr das »Harry-Lime-Thema« von Anton Karas, gespielt auf einer Zither, nicht mehr aus dem Kopf bekommt. Ein Erlebnis für alle Sinne ist die »Dritte-Mann-Tour« samt Kanalbesuch. Weniger streng riecht das Museum in der Preßgasse (4. Bezirk), in dem auch das Nachkriegs-Wien thematisiert wird.

JUNGE KUNST IN ALTEN GEMÄUERN

DIE ANKER-BROTFABRIK IN FAVORITEN

Absberggasse 27, 10. Bezirk
www.brotfabrik.wien
anzenberger.com
www.böhmischer-prater.at
ÖPNV: Schrankenberggasse

Seit 1891 wird im 10. Bezirk Anker-Brot gebacken. Da Produktion und Logistik der Bäckerei heute weniger Platz als früher benötigen, kann hier seit 2009 ein Kulturzentrum gedeihen. Ab 2005 wurden Teile des Firmengeländes, rund 17.000 Quadratmeter mit historischem Gebäudebestand, vor dem Abriss bewahrt und umgewidmet. Auf den wenigen Schritten von der Straßenbahnstation zur Kultur-Tankstelle könnt ihr zunächst in eine Filiale des traditionsreichen Bäckers auf Kaffee und Kipferl einkehren. Dann kommen die Backstein-Gebäude im typischen Jahrhundertwende-Stil in den Blick. Neben dem Brotbacken war auch das Ziegelbrennen im Süden Wiens historisch ein wichtiger Wirtschaftszweig. Heute brennen hier Unternehmen aus Kunst, Kultur und Ausbildung im gemeinsamen Verein »Brotfabrik Wien« für die Idee eines dezentralen, urbanen Kulturzentrums. Hier spielt das »Superar«-Orchester, die Akademie Deutsche POP bildet für die Branchen Musik und Medien aus und die SOB für Sozialberufe.

Die Galeristin und Künstlerin Regina Maria Anzenberger zeigt in der AnzenbergerGallery im Erdgeschoß zeitgenössische österreichische und internationale Fotografie. Im Shop gibt es rare, signierte, handgemachte Fotobücher, im Rahmen der hauseigenen Akademie finden verschiedene Workshops statt.

Auch ein Besuch der Galerien »OstLicht« im ersten Stock und »Hilger next« in der zweiten Etage ist kostenlos. Die Dependance des

Fotomuseums »Westlicht« von Peter Coeln stellt internationale zeitgenössische Fotokünstlerinnen und -künstler aus, deren sorgfältig ausgearbeitete Prints ihr hier erwerben könnt. Die Fachbuch-Bibliothek mit 20.000 Fotobänden ist ebenfalls frei zugänglich.

»Hilger next« ist das Laboratorium für kuratorische Projekte der »Galerie Ernst Hilger« im ersten Bezirk. Der gemeinsame Besuchstag für alle drei Galerien ist Freitag. Etwa vier Mal im Jahr werden gemeinsame »Gallery Walks« angeboten, die auch ins »Atelier 10« und den »Bildraum 10« führen.

Auch der Vintageshop »Lichterloh« hat hier eine Dependance. Fürs leibliche Wohl sorgt »magdas Kantine«, ein Social Business der Caritas, in dem Arbeitsplätze für Menschen mit geringeren Jobchancen geschaffen wurden. Da schmeckt es gleich noch einmal so gut. Das »Ten.Fifty« ist im Maschinenraum der alten Brotfabrik untergebracht. Den Machern geht es um den frischen Genuss von ungefilterten Craft Bieren, weshalb sie kleine Chargen Wiener Weizen, Pale Ale und Red IPA brauen. Neue Biere in limitierter Auflage werden regelmäßig im Taproom verkostet (Mittwoch bis Freitag).

Wenn ihr danach noch Lust auf einen Spaziergang habt, verlasst das Areal durch den Haupteingang und geht rechts um die Ecke entlang der Puchsbaumgasse etwa einen Kilometer bis zum »Böhmischen Prater«. Er ist benannt nach den in Favoriten ansässigen böhmischen (und mährischen) Arbeitern und Arbeiterinnen der historischen Ziegelwerke. Der Miniatur-Vergnügungspark liegt heute im Erholungsgebiet Laaer Wald, und sein charmant-überlebtes Jahrhundertwende-Flair macht einen Besuch reizvoll. Hier fährt ein (denkmalgeschütztes) Ringelspiel (Karussell), ein Autodrom und die 80-jährige »Schlange«. Oder ihr wagt eine Partie Minigolf.

HABSBURGER GRUFTHOPPING

Für die optimierte Huldigung ließen Habsburger Herrscher – beginnend mit der Kaisergruft-Gründerin Anna von Tirol und ihrem Mann Matthias – Herz, Eingeweide und Körper an verschiedenen Orten bestatten. Stärkt euch für die Tour im »Unger und Klein« im Herrengassen-Hochhaus (1. Bezirk). Rund 500 Schritte stadteinwärts kommt ihr zur Augustinerkirche und könnt nach Vereinbarung in der Pfarrkanzlei die »Herzgruft« besichtigen oder bei Bedarf die Hl. Rita, Schutzpatronin für hoffnungslose Fälle, anrufen. 300 Schritte weiter ist die »Kapuzinergruft« mit fast 150 Habsburgern am Neuen Markt täglich geöffnet. Welcher Tote heute noch Fans hat, seht ihr sofort. Viele spannende Themenführungen gibt es, und sommers ist der Klostergarten ein grünes Juwel. Wenn ihr noch nicht genug habt, taucht 350 Schritte weiter in die »Herzogsgruft« im Stephansdom ab. Oder geht, wohin auch der Kaiser zu Fuß ging: die imperial gestaltete Bedürfnisanstalt am Graben (seit 1905) liegt auch unter der Erde. Kostet nur 50 Cent.

➳ ÖPNV: Station Herrengasse

IN WIEN AUF PARIS TREFFEN

LA VIE EN ROSE UM DIE STRUDLHOFSTIEGE

Strudlhofgasse, 9. Bezirk
ÖPNV: Spitalgasse

Es gibt in jeder Weltstadt Ecken, an denen man sich in eine andere Stadt versetzt fühlt. Für uns erfolgt der nahtlose Wechsel zwischen Wien und Paris an der Strudlhofstiege. Heimito von Doderer schrieb 1951 einen 900-Seiten-Roman über das Wien zu Beginn des 20. Jahrhunderts, dem er den Namen dieser »pirouettierenden Stiege« gab. Den empfehlen wir aber nur Menschen mit ganz viel Zeit und einem sehr guten Personengedächtnis. Die Stiegenanlage mit Rampen und Stufen von 1910 könnt ihr aber auch so genießen: im Sommer dicht und grün bewachsen, im Herbst verwunschen-trüb. Sie ist mit mehreren Bänken zum Verweilen ausgestattet und mit schmiedeeisernen Ornamenten verziert, die unseren Assoziationen mit der französischen Hauptstadt Nahrung geben. Wenn ihr euch sattgesehen habt, stoßt ihr an der Liechtensteinstraße auf die Mauer des »Gartenpalais Liechtenstein« (www.palaisliechtenstein.com). In der barocken Parkanlage und vor dem Palais finden immer wieder saisonale und spezielle Märkte statt.

Wenn ihr an der Liechtensteinstraße rechts abbiegt, kommt ihr nach wenigen Schritten zum Bauernfeldplatz – auch eine sehr frankophile Ecke mit der französischen Schule (Lycée français de Vienne), einem besonderen Bonbon-Geschäft, der Papeterie Liechtenstein und dem köstlichen »Naschsalon« (www.naschsalon.at). Für das entsprechende »savoir vivre« empfehlen wir euch ein Barbapapa-förmiges Brioche, herrlich flaumig, zitronig, vanillig. Noch ein paar Schritte weiter könnt ihr bei »Anne Morel« (annemorel.at) das Klischee bestätigen, dass Frauen nie genug Handtaschen und Schuhe besitzen können.

Wenn ihr den Bauernfeldplatz überquert, heißt die nächste Parallelstraße Porzellangasse. Auch hier reihen sich kleine, individuelle Boutiquen aneinander: das Brillengeschäft »Wiluna«, Kunsthandwerk bei »amani«, Bio-Mode bei »Green Ground«, kleine Vintageläden mit Glitzer und Haute Couture (Andrea Pievetz Boutique und Merio Vintage). Als Fixpunkt der Off-Theater-Szene funkelt hier das »Schauspielhaus«. Ein kleines Stück stadteinwärts geht links die Müllnergasse ab. Von der Ecke aus seht ihr schon die beiden Zwiebeltürme der Servitenkirche, von der die Servitengasse abzweigt. Im Vorbeigehen studiert noch das Programm des »Bronski & Grünberg«-Theaters mit »erlesen-progressivem Boulevard«. Vielleicht wollt ihr abends im kleinen Rahmen den hochmusikalischen Drew Sarich oder Drag-Diva »Lucy McEvil« erleben.

Donnerstags findet auf dem Platz vor der Servitenkirche einer der charmantesten Wochenmärkte der Stadt statt, mit Gemüse vom »Biohof Loidolt«, »Joseph«-Brot, Käse vom Stix, kretischen Spezialitäten von »Terra Kreta« und edlem Biofisch. Die schmale Servitengasse ist gesäumt von inhabergeführten Geschäften und Lokalen und lädt zum Flanieren und Verweilen ein. So zum Beispiel in der Schokoladenboutique »Schokov« oder très français an einem Tischchen des Café und Bistrot »La Mercerie«. An der Ecke zur Porzellangasse werden in einer ehemaligen Apotheke Baguette und Croissants gereicht. C'est formidable!

Zwei Lokaltipps: Das Gasthaus »Rebhuhn« an der Ecke Porzellangasse/Berggasse und das Farm-to-Table Restaurant »Belly of the Beast« in der Wasagasse 28. Wenn ihr ein paar Kalorien loswerden wollt, bietet sich die Thurnstiege an oder die Berggasse – nomen est omen!

DIE WIEGE VON ISOTYPE BESUCHEN

Der Urvater unserer Emojis heißt Otto Neurath und stammte aus Wien. Im von ihm gegründeten Wirtschaftsmuseum erfahrt ihr mehr über ihn und »ISOTYPE«: Die Abkürzung für »International System of Typographic Picture Education« klingt zwar griffiger als »Wiener Methode der Bildstatistik«, verschleiert aber den Geburtsort der Regeln zur einfachen Gestaltung von Statistiken und Piktogrammen. Otto Neurath entwickelte gemeinsam mit seiner Frau Marie und dem Künstler Gerd Arntz Methoden, komplexe Zusammenhänge auf einen Blick zu vermitteln. Ein besonderes Anliegen war ihm dabei die Arbeiter- und Volksbildung. 1934 war das Team gezwungen, nach Holland zu fliehen. Der Ansatz, wirtschaftliche, gesellschaftliche und soziale Fakten anschaulich und für Laien verständlich darzustellen, verbreitete sich mit dem produktiven Trio weltweit. Im Museum ist ein Raum im ersten Stock Geschichte und Gegenwart von ISOTYPE gewidmet. Seine Briefe hat Neurath übrigens gerne mit einem Comicelefanten signiert.

➳ Wirtschafts- und Gesellschaftsmuseum , Vogelsanggasse 36, 5. Bezirk
➳ wirtschaftsmuseum.at
➳ ÖPNV: Station Fendigasse

HORIZONT ERWEITERN IM THEATER

KULTUR IN DER EHEMALIGEN KABELFABRIK

werk-x.at
ÖPNV: Station Tscherttegasse

Wenn ihr Lust auf zeitgenössische Formen des Sprechtheaters und progressive, politisch engagierte Stücke habt, könnt ihr im WERK X einen denkwürdigen Abend erleben. Untergebracht in einer ehemaligen Kabelfabrik (12. Bezirk) versteht es sich als Verhandlungsraum für gesellschaftliche Gegenwartsfragen. Die künstlerische Leitung sucht einen zeitgemäßen Umgang mit den klassischen Kategorien des Sprechtheaters. Hinterfragt wird das subjektive und theoretische Verständnis von Begriffen wie Regie, Autorenschaft oder Darstellung. Renommierte Künstlerinnen und Regisseure wie Jürgen Kuttner, Herbert Fritsch, Schorsch Kamerun, Angela Richter u.v.m. haben hier gearbeitet und inszeniert. Besonders ans Herz legen möchten wir euch das »aktionstheater ensemble« (aktionstheater.at) unter Leitung von Martin Gruber. Mit seinem feinen Sensorium für Entwicklungen in der Gesellschaft erarbeitet der Theatermacher mit seinem Ensemble spannende Inszenierungen und legt den Finger dorthin, wo es wehtut. Titel wie »Lonely Ballads«, »Streamen gegen die Einsamkeit«, »Heile mich«, »Dance to the right« oder »Bürgerliches Trauerspiel« lassen erahnen, wie tief in die Schichten emotionaler Befindlichkeit gegraben wird. Die Stücke wirken immer heftig nach, was ihr vielleicht in der Bar im Foyer bei einem Glas nachbesprechen wollt.

Die Spielstätte WERK X am Petersplatz, unter Leitung von Cornelia Anhaus, fördert Vielfalt und Diversität im Stadtzentrum. Es wird ebenfalls als Kooperationshaus für junge und etablierte Gruppen geführt.

WERK X
WERK
X

WO PUPPEN UND POLITIKER TANZEN

EIN ABEND IM RABENHOF-THEATER

Rabengasse 3, 3. Bezirk
www.rabenhoftheater.com
ÖPNV: Station Kardinal-Nagl-Platz

Die wenigen Meter vom Ausgang der U-Bahn bis zum Eingang in den Rabenhof sehen so gar nicht nach Kulturmetropole aus. Aber dann kommt der rote Teppich in Sicht, der in ein Theater führt, mitten im Innenhof eines zwischen 1925 und 1928 errichteten Gemeindebaus mit 1.100 Wohnungen. Ursprünglich war es ein Arbeiter-Versammlungssaal, wurde dann zum Kino umgebaut, 1990 als Theater adaptiert und 2008 generalsaniert. Architekt Peter Achhorner hat hier einen original erhaltenen Raum der Zwischenkriegszeit wieder erlebbar gemacht.

Sobald die Garderobe abgegeben ist, führen Stiegen hinunter zum Theatersaal mit 300 Sitzplätzen. Die Theater-Bar ist ein ausgezeichneter Ort, um vorher und in der Pause einen weißen Spritzer zu trinken. Der köstliche Geschmack hat vielleicht mit den überwundenen Höhenmetern zu tun oder den gefliesten Wänden – wer weiß das schon?

Das Theater im Rabenhof mit Direktor Thomas Gratzer will zeitgenössisches, urbanes Volkstheater mit popkulturellem Ansatz zeigen. Hier treten Local Heroes wie maschek, die Staatskünstler, Stefanie Sargnagel und der Wiener Beschwerdechor auf, aber auch Newcomer. Es gibt Lesungen, Filmvorführungen oder Albumpräsentationen sowie Eigenproduktionen (Musical, Puppen- und Kindertheater, Schauspiel und Kabarett). Ein Schwerpunkt ist zeitgenössische Politsatire.

Tipp: Das winzige, tolle Schuberttheater (9. Bezirk, schuberttheater.at), ehemals ein Pornokino, hat sich dem Figurentheater für Erwachsene verschrieben.

Theater
Rabenhof
www.rabenhof.at
KASSA
SAAL
Rabenhof

UNVERZICHTBARE WORTE

»**Aanserpanier**«: Sonntagsstaat
»**Beisl**«: einfaches Gasthaus zum Wohlfühlen
»**fad**«: langweilig
»**Feschak**«: Stutzer, »fesch« bedeutet gutaussehend
»**Geschoß/Geschoss**« **(mit langem o)**: Etage, Stockwerk
»**Grätz(e)l**«: Teil eines Stadtviertels, nahes Umfeld des Wohnorts
»**Greißler**«: Krämer, kleines Geschäft, Tante-Emma-Laden
»**Gschistigschasti**«: Getue, Unfug, Firlefanz
»**Gspusi**«: lose Liebesbeziehung
»**Gstettn**«: Brachfläche
»**Hawara**«: Freund, Kollege
»**Hetz**«: Spaß, Vergnügen
»**Hieb**«: Bezirk
»**hudeln**«: hasten, unangemessen eilig
»**hutschen**«: schaukeln
»**Kabane**«: Badehütte
»**Kästchen**«: im Schwimmbad ein verschließbares Fach in der Umkleide
»**leiwand**«: ausgezeichnet, gut, vorzüglich
»**mauscheln**«: tuscheln
»**motschkern**«: murren, schimpfen
»**Narrenkastl**«: ins Narrenkastl schauen = Löcher in die Luft schauen
»**Oida**«: wörtlich der Alte, sehr universell einsetzbar
»**Sackerl**«: (Einkaufs-)Tüte
»Salettl«: **Gartenpavillon, Laube**
»**Schanigarten**«: Gastgarten, den stets der jüngste Kellner (Schani) aufbauen musste
»**Schmäh**«: Witz, Charme, Lüge, Gerede